Kalkutta – Indien

Volontariat in Einrichtungen von Mutter Teresa

„Es kommt nicht darauf an, wie viel wir geben.
Es kommt darauf an, wie viel Liebe wir
in dieses Geben legen."

(Mutter Teresa in Maasburg, 2016, S. 80)

Kalkutta – Indien

Volontariat in Einrichtungen von Mutter Teresa

Bibliografische Information der Deutschen Nationalbibliothek:
Die Deutsche Nationalbibliothek verzeichnet diese Publikation in der Deutschen Nationalbibliografie; detaillierte bibliografische Daten sind im Internet über http://dnb.dnb.de abrufbar.
© 2020 Sabine und Wolfgang Wöger
Illustration: Sabine und Wolfgang Wöger
Veröffentlichung: Wolfgang Wöger
Herstellung und Verlag: BoD – Books on Demand, Norderstedt
ISBN: 978-3-7526-8567-1

Inhalt

I ERLEBTES ... 6

Auf der Suche nach unserer Berufung ... 6
Nachthimmel über Bagdad ... 12
Ankunft in Kalkutta und erste Taxifahrt ... 15
Das Fairlawn Hotel ... 22
Wie die Menschen auf uns wirkten ... 25
Das Straßenbild ... 31
Das Leben der Menschen ... 39
Eine lärmende Stadt ... 45
Arbeit am Bau unter Lebensgefahr ... 46
Luxuscenter inmitten der bitteren Armut ... 49
Kinderlachen - ein Stück heile Welt in Kalkutta ... 51
Jahrmarktstimmung in der Sudder Street ... 53
Der Geruch (in) der Stadt ... 56
Die Tiere in Kalkutta ... 66
Schlachttag – der Ramadan steht vor der Tür ... 78
Der South Park Street-Friedhof ... 82
Das Mutterhaus der Missionarinnen der Nächstenliebe ... 85
Besuch des Kalighat-Tempels ... 91
Volontariat in Nirmala Shishu Bhavan ... 95
Volontariat in Nirmal Hriday ... 109
Krankheitsbedingte Erfahrungen und Heimreise ... 122

II. WISSENSWERTES RUND UM DAS ERLEBTE ... 128

Mutter Teresa ... 128
Kalkutta – die Stadt und ihre Einwohnenden ... 137
Der Islam ... 145
Der Hinduismus ... 153

III. UNSERE NACHGEHENDEN GEDANKEN ... 156

Die bittere Armut der Bevölkerung ... 156
Mutter Teresas Berufungstreue ... 161

QUELLEN ... 165

ERLEBTES

Auf der Suche nach unserer Berufung

Mutter Teresa, 1910–1997, in Gestalt einer Handpuppe; von Sabine Wöger aus Holzmehl gefertigt.

Sabine:

Zu meinem 12. Geburtstag bekam ich zu Weihnachten ein ersehntes Buch über Mutter Teresa geschenkt. Ich kann nicht genau sagen, ab wann mir die 1910 geborene Frau von kleiner Statur aus Albanien und ihr unermüdlicher Einsatz für die Armen, Ausgestoßenen und Sterbenden zu Herzen ging. Ich war glücklich, als sie 1979 den Friedensnobelpreis bekam, und tieftraurig, als sie 1997 hochbetagt und nach drei Herzinfarkten in Kalkutta starb. *Würde ihr tiefes Verständnis für in bitterer Armut lebende Menschen, Kranke und Sterbende und ihr ehrlicher, von Selbstherrlichkeit losgelöster Einsatz für sie ihren Tod überdauern, um das (sinnlose) Leid in der Welt zu lindern?*, fragte ich mich. Die Nonne Agnes Gonxha Bojaxhiu hatte um 1950 entschieden, die katholische Ordenstracht abzulegen und den weißblauen Sari anzuziehen, um sich in Kalkutta um Einsame, Sterbende und Leprakranke zu kümmern, fern von politischen und weltanschaulichen Einflüssen. Ich erwog, Ordensfrau in der von ihr gegründeten katholischen Kongregation der „Missionarinnen der Nächstenliebe" zu werden, um mich der Nöte und Bedürfnisse Sterbender in armen Ländern anzunehmen. Ein Foto in dem Buch, das ich geschenkt bekommen hatte, beeinflusste maßgeblich die Entwicklung meiner Lebensphilosophie, die sich später im Rahmen der Palliativpflege und Logotherapie tief greifender ausbilden sollte. Sie ist von der Demut vor dem leidenden Menschen und von der Wertschätzung gegenüber allem Lebendigen geprägt. Das Foto zeigte eine Missionarin der Nächstenliebe. Sie kniete vor einem ausgezehrten, geschwächten und spärlich bekleideten Mann, der vor ihr auf dem Rücken auf einem Steinboden lag. Die Nonne wusch den Mann. An der Wand hinter ihr hing ein Bild von Jesus Christus. Darunter standen die Worte „I thirst" geschrieben. Je länger ich das Bild auf mich wirken ließ, desto mehr trat die Pflegemaßnahme, das Waschen des Mannes, in den Hintergrund. Hingegen war eine Gesinnung der Liebe, des Respekts und der Achtsamkeit spürbar, welche die Ordensfrau dem sterbenden Mann entgegenbrachte. Zu sehen war, wie sie mit ihren Händen behutsam seinen Leib berührte. Mit allem, was sie ausmachte, schien sie bei ihm zu sein, dabei ganz in sich ruhend. Der Mann wirkte körperlich entspannt, seine Glieder lagen ausgestreckt auf dem Boden. Er erweckte den Anschein, keine Schmerzen zu verspüren, obwohl die Knochenvorsprünge des Beckens und der Schultern auf dem harten kalten Stein blank auflagen. Mit geschlossen Augen empfing er die Berührungen der Nonne, als wären sie Teil einer Salbung. Zwei Menschenseelen begegneten einander andächtig und in stiller Harmonie. Ich hielt es für wahrscheinlich, dass die geistliche Schwester den Mann berührte, als liege der geschundene Leib von Jesus Christus vor ihr. Der herankommende Tod vermochte die Heiligkeit der Begegnung nicht mit Wehmut zu überschatten. Der Weltenschmerz verlor an Macht in dieser Szenerie. Ich fühlte mich ein wenig beschämt, war ich doch durch das Betrachten des Fotos stille Beobachterin einer intimen spirituellen Begegnung zweier Menschen am Übergang vom Leben zum Tod. Ich fühlte mich beseelt von dem Auftrag, Gott zu dienen. Seitdem beschäftigt mich die Frage: Wonach dürstet Gott, und wie kann ich zur Linderung des dürstenden Menschen in meiner Welt beitragen?

Wolfgang:

Viele Jahre lang versuchte ich, meinem Leben eine Wende in Richtung einer Sinn- und Werteverwirklichung zu geben. Authentisch leben, statt des Wandelns am Burn-out, dem Herzen und der Seele im täglichen Tun nachspüren, statt des beruflichen Engpasses und der Anpassung im Übermaß, Dienst am Menschen tun, statt eines vermeintlich schönen Lebens in der persönlichen Sackgasse. Das bis dahin nahezu gänzlich ignorierte, weil mit vielen Ängsten behaftete Thema der Endlichkeit alles Irdischen rückte in den Vordergrund, wurde zu einer der Triebfedern für Veränderungen. Ich beendete nach 28 Jahren meine Karriere als Projektleiter im Bauwesen und startete einen neuen Bildungsweg. Zunächst absolvierte ich die Ausbildung zum diplomierten Lebens- und Sozialberater, dann den Basislehrgang in Palliative Care. Fremde ferne Kulturen interessierten mich im Besonderen in der Unterschiedlichkeit ihres Umganges mit dem Sterben als Bestandteil des täglichen Lebens, deren

Begleitung oder Nichtbegleitung Sterbender, der Umgang mit Schmerz und Leid, die Rituale im Sterbeprozess. Der Wunsch reifte, von Anfang an meines bewussten Eintauchens in diese Materie ein umfassenderes Bild zu entwickeln, als es der eingeschränkte Blickwinkel unserer westlichen Kultur mit ihren zahlreichen lindernden Möglichkeiten in Bezug auf Krankheit und Sterben zuließ. Im Juni 2012 erzählte mir Sabine erstmals von ihrem Lebenstraum, von dem Vorhaben, in einem der Sterbehäuser von Mutter Teresa in Kalkutta zu arbeiten. Ich spürte sofort, wie sehr mich dies berührte und dass ich, wenn irgendwie möglich, Sabine begleiten wollte.

Wir gemeinsam:

Nachdem wir einander 2012 kennengelernt und zueinander eine tiefe Seelenliebe verspürt hatten, kam es auch zu einer Veränderung der Beziehungen, die unser beider bisherige Leben geprägt hatten. Unser Leben, auch das unserer früheren Partner, erfuhren eine massive Erschütterung.

Wir entschieden, nach Kalkutta zu reisen, um dort als Volontäre tätig zu sein, wissend, dass die Hinwendung zu einer sinnvollen Aufgabe bei der Bewältigung von Lebenskrisen hilfreich sein kann. Wir hofften, mehr Klarheit über unsere gemeinsame Berufung zu erfahren. Wir dienten in dem ersten von Mutter Teresa 1952 gegründeten Sterbehaus „Nirmal Hriday" in Kalighat und in der Krankenambulanz von Nirmala Shishu Bhavan, das ist ein Kinderheim in Kalkutta, das heutige Kolkota.

Beide fühlten wir, dass unserer Begegnung auch ein Auftrag innewohnte, der unsere eigenen Bedürfnisse überstieg. Beim Nachdenken über zentrale Lebenswerte, den Auftragscharakter des Lebens an uns, und über konkrete Wege sinnstiftenden Wirkens in unserer Gesellschaft wollten wir die Situation von in bitterer Armut lebenden Menschen keinesfalls ignorieren. Wir wollten unsere eigenen Einstellungen, Gewohnheiten und Annehmlichkeiten kritisch beleuchten, weshalb wir die Konfrontation mit einem Leben jenseits des unsrigen suchten und hierfür die Großstadt am Fluss Hugli bald näher ins Auge fassten. Auch das Bewusstsein über die Brüchigkeit unserer Existenz und der

Endlichkeit des Lebens nährte die uns schicksalhaft verbindende und gemeinsame Sehnsucht, die nicht irgendwann, sondern so früh wie möglich gestillt werden sollte.

Künftig wollten wir verstärkt dazu beitragen, das Leben der Menschen durch Liebe, Vertrauen und durch zwischenmenschlichen Zusammenhalt zu bereichern. Wichtig war uns beispielsweise die Botschaft, dass all der Wohlstand, die Sicherheit und die beruflichen Möglichkeiten niemals selbstverständlich sind. Ein bewusster Verzicht würde dem Menschen nicht etwas wegnehmen, sondern das Leben bereichern und aufwerten. So könnte der bewusste Verzicht auf Fleisch zur Reduzierung des Tierleids beitragen und das Gefühl hervorrufen, selbst sinnstiftend und Leid vermeidend in die Welt hineinzuwirken. Unsere Begabungen, all die beruflichen und privaten Erfahrungen beabsichtigten wir zu bündeln, um sie treu unserer Intuition zur Linderung der von Leid, Trauer und unfassbarem Schicksalsschmerz geprägten Weltenseele zu entfalten. Der gemeinsamen Vision galt es, einen realen Boden zu geben.

Vorbehaltlos entschieden wir, uns den leidenden Menschen in Indien zuzuwenden, wissend ob der Risiken, die eine Reise nach Kalkutta mit sich brachte. Die Berichte über die Fülle an Gefahren in dieser Stadt nahmen wir wahr und ernst. Dennoch entschieden wir, den Ängsten, etwa jenen vor gewaltvollen Übergriffen oder vor Krankheiten, zu trotzen. Es dauerte mehrere Jahre, bis es uns möglich war, die Vielfalt an überwältigenden, berührenden und nachdenklich stimmenden Eindrücken vom Leben der Menschen und Tiere in Kalkutta, der Hauptstadt von Westbengalen im Nordosten Indiens, in Buchform zu erfassen.

Dieses Buch gliedert sich in drei Kapitel. Im ersten Kapitel, „Erlebtes", berichten wir von den Erfahrungen unserer Reise. Wissenswerte Informationen rund um das Erlebte haben wir im zweiten Kapitel zusammengetragen, um schließlich im dritten Kapitel einige nachgehende Gedanken darzulegen. Obwohl die Stadtbezeichnung „Kalkutta" 2001 offiziell abgeschafft wurde und seither „Kolkata" lautet, verwenden wir in diesem Buch noch die alte Bezeichnung, einfach deswegen, weil sie uns vertrauter ist.

Wir beide am Flughafen in Dubai.

Nachthimmel über Bagdad

Sabine:

Nie zuvor erblickte ich gleichartig Schönes und es drängte mich, das Erleben des Sonnenuntergangs auf dem Flug von Wien nach Bagdad niederzuschreiben, um es für später zu bergen. Es ist 20:45 Uhr. Wolfgang holt für mich das Notebook aus dem Handgepäck. Ich beginne zu schreiben: Entlang des sich verdunkelnden Horizonts erstrahlt klar und friedlich die kreisrunde Sonne. Sie ist im Untergehen begriffen. Ich kann sie direkt anblicken, trotz ihrer Helligkeit. Wenige Minuten später. Die Stimmung am Himmel verändert sich eindrücklich. Der grelle orange leuchtende Himmelskörper beginnt, in den Horizont hinabzusinken und erweckt zunehmend den Anschein, in das dunkle Schwarz des darunterliegenden Horizonts hinabzustürzen. Die zuvor beruhigende Himmelsstimmung wandelt sich binnen kurzer Zeit in ein bedrohliches Geschehen. Ich nehme die Stimmung am Firmament mit wachen Sinnen wahr. Weil ich mich auf das grelle Rot des äußeren Randes der Sonne konzentriere, die ohne Eile unablässig versinkt, wissend ob ihrer Schickung, bleibe ich von der Dunkelheit des darunterliegenden Horizonts unbeeindruckt. Bald wird sie versinken. Am Horizont breitet sich ein Farbenwunder aus: stetig greller werdendes Orange, übergehend in Pastellviolett, das sich in einem sanften, warmen Gelb auszubreiten beginnt. Die Tragflächen des Flugzeugs schwingen sanft und deren dunkle scharfe Konturen heben sich vom Farbenspiel klar ab. Seit einer Stunde begleitet uns das grelle Weiß eines Sterns. Beim Blick aus dem Fenster und nach unten hin erschrecke ich, weil Lichter zu sehen sind. Ich vermutete ein viel zu nahes Flugzeug. Wolfgang beruhigt mich. Es sind die Lichter Bagdads, die aus weiter Ferne leuchten. Im Irak gehört die Gewalt zum Alltag der Menschen, vor allem jene zwischen den religiösen Gruppierungen. Wenige Tage zuvor riss eine Autobombe viele Menschen in den Tod. *Hoffentlich geraten wir nicht in das Visier von Militärs oder Rebellen und werden versehentlich abgeschossen,* denke ich. Dann schwinden meine dunklen Gedanken und Ängste und ich überlasse mich wieder vertrauensvoll den Wahrnehmungen hier oben. Der Horizont schimmert im Moment in prächtigem Orange, warmem Gelb und grellfarbigem Pink. Letztere Farben entfalten sich über den gesamten weiten Himmel. Ich lehne mich an Wolfgang und gemeinsam beobachten wir das letzte Ringen der Farben mit der Dunkelheit. Jeder Augenblick entfaltet ein neues Farbenspektrum. Nichts bleibt, wie es gerade ist. Während des Vergehens entstehen neue Wunder. Ich versuche, den tiefen Sinngehalt des einprägsamen Farbenspiels am Nachthimmel über Bagdad für mein Leben zu erfassen. Das satte Orange bringt mich in Kontakt mit meiner inneren Kraft, die unermüdlich nach Entfaltung drängt. Mir kommen Aufgaben in den Sinn, in denen diese Kraft in mir der Intensität der Himmelsfarben gleicht, etwa die Lehrtätigkeit oder die Begleitung von Menschen im beratenden oder psychotherapeutischen Kontext. Das Pink steht für die tief gehende, unerschütterliche Liebe zu meinem Seelenpartner Wolfgang. Sie wird den unerbittlichen Tod überdauern und ewig währen. Der dunkle Horizont steht für die Trauer, die mich beim Gedanken an meinen Noch-Lebenspartner durchflutet. Ich fühle mich zum „Ja" zu meinem Seelenpartner berufen. Die Berufung ist stark und durchdrungen von der Seelenliebe zu ihm. Der Preis dafür ist extrem hoch, weil ich das Leben mit meinem bisherigen Partner nicht fortführen kann und ihn das schmerzen wird. Noch fehlen die Worte, um vor ihm nachvollziehbar darlegen zu können, was in mir vorgeht. Beide befinden wir uns in einer lebenswendenden Krise. Das damit einhergehende Seelenweh ist kaum auszuhalten, es gleicht dem bedrohlichen Schwarz des Horizonts. Gleichermaßen eine Art Untergang, wie jener der Sonne, hoffentlich ein vorübergehender. Dennoch: Ich fühle mich gehalten. Das satte blaue Himmelszelt breitet sich schützend über uns aus. Für Wolfgang und mich ist das Fliegen unangenehm und beängstigend, weshalb die vielen Flugstunden nach Kalkutta uns Mut und Vertrauen abverlangen, vor allem, wenn das Flugzeug bei Turbulenzen ruckelt oder in ein Luftloch sackt.

Wolfgang:

Die satten Farben vergehen, alle, endgültig, ebenso alles Lebendige.

Sabine:

Bisweilen durchflutet es mich vor Liebe zu den Menschen. In solchen Augenblicken halte ich es für vorstellbar, die Welt zu umarmen. Ich weiß, dass geliebte Menschen eher Einstellungsmodulationen und positive Veränderungen in Gang setzen können, während jene, an die niemand glaubt, welche die bedingungslose Liebe nie erfahren, es in diesem Punkt besonders schwer haben. Wir überlassen uns dem Flug im Dunkeln. Sanfte Bewegungen des Flugzeuges sind spürbar. Immerfort begleitet ein weißer und hell leuchtender Stern den Flug.

Ankunft in Kalkutta und erste Taxifahrt

Mit einer halben Stunde Verspätung und einer Zeitverschiebung von 3 ½ Stunden erreichten wir gegen 08:45 Uhr Ortszeit Kalkutta. Am Check-out arbeiteten ausschließlich Männer mit tiefernsten Mienen. Nur ein Herr, er saß am Schalter, lächelte Sabine nach unserem Check-out zaghaft nach. Das Flughafengebäude war einzig den Reisenden vorbehalten, weshalb es auf dem Flughafengelände ruhig war. Erst nach dem Verlassen des Gebäudes sahen wir die vielen Menschen, die im Freien auf die Ankommenden warteten. Und von einem Moment auf den anderen war es ohrenbetäubend laut.

Bei der Suche nach einem Taxi kam ein Mann auf uns zu, um seinen Fahrdienst anzubieten. Sogleich nahm er Sabine den Koffer ab und marschierte vorneweg in ein Parkhaus, wo das offiziell nicht ausgewiesene Taxi bereitstand. Zuvor diskutierte er aggressiv und gestikulierend mit einem anderen „Taxifahrer". Die beiden Männer handelten untereinander aus, wer uns chauffieren durfte. Währenddessen kam ein etwa sechsjähriger ärmlicher Junge auf uns zu und bat um Geld: „One Rupee, please!" Letztendlich fuhren uns zwei andere Männer. Wir sollten an Ort und Stelle einen Betrag von 2.500 Rupien, das entsprach etwa 30 Euro, für eine knapp einstündige Autofahrt bezahlen. Aus Sorge, um unser Geld geprellt zu werden, bestanden wir darauf, erst am Ankunftsort zu bezahlen. Zu guter Letzt wurden wir von den zwei Männern in einem Hindustan-Ambassador-Taxi durch Kalkutta zu unserem Zielort gefahren.

Die erste Autofahrt war ein gewagtes Unterfangen. Im Auto gab es weder Gurte noch Kopfstützen. Sabines Sitz bewegte sich beim Bremsen einige Zentimeter nach vorne. Unserem europäisch geschulten Ermessen nach gab es keine Verkehrsregeln. Alle fuhren auf irgendeine Art und Weise, drei-, vier- und streckenweise fünfspurig. Es wurde unaufhörlich gehupt. Der Spurwechsel erfolgte jeweils nach wenigen Metern, also auf einer Strecke von 100 Metern etwa zehnmal, wobei das Auto ohne vorheriges Blinken ruckartig zur Seite gelenkt wurde. Jedes Fahrzeug nutzte jede Lücke, überholt wurde rechts, links, auf Gedeih und Verderb. Wenn es absolut brenzlig wurde, betätigten alle sekundenlang und gleichzeitig die Hupen. Hinweisschilder mit durchgestrichenen Hupen darauf deuteten an, dass in der Nähe ein Krankenhaus war. Dieses Hupverbot blieb durchweg unberücksichtigt.

Dazwischen wurden Rikschas, Mann-Kraft-Maschinen, von ausgemergelten Männern gezogen. Eine um das Handgelenk gebundene Glocke fungierte als Hupe. Kalkutta war die einzige Stadt Indiens, in der Rikschas noch von Hand gezogen wurden. Die Gefährte mit überdimensionalen Rädern sahen abgenutzt aus und beförderten drei oder vier Personen.

Auch menschenüberfüllte Tata-Busse prägten das Straßenbild. Busse, Motorräder und Fahrräder hielten inmitten des dichtesten Verkehrs, um die Buspassagiere ein- und aussteigen zu lassen.

Es wurde durchweg viel zu schnell gefahren. Besondere Beklemmung fühlten wir beim Fahren auf Straßen mit Gegenverkehr: Erst im letzten Moment wurde ausgewichen und es schien unklar, wer ausweicht und auf welche Seite. Das Durcheinander blieb zu unserem Erstaunen unfallfrei. Der Raum zwischen den fahrenden Fahrzeugen betrug wenige Zentimeter. Auf der Straße gab es keinen ungenutzten Raum. Wir passierten Kreuzungen mit Ampeln. Ein lächelnder Polizist stand inmitten des Gewirrs. Die Regelung des Verkehrs geschah durch beiläufig anmutende Armbewegungen.

Zwischen den Fahrzeugen wurde kein Sicherheitsabstand eingehalten. Hielt jemand den Ellbogen zu weit aus dem Fenster, wurde dieser von einem Auto gestreift. Einzig für den Ambulanzwagen wurde mehr Raum gelassen, sodass das Fahrzeug die Chance hatte, schneller voranzukommen. Auffallend war, dass weder geschimpft noch gestritten, aber auch nicht gelächelt wurde.

Unmittelbar vor uns bog aus einer eineinhalb Meter breiten Seitengasse ein Motorradfahrer mit einem Kind hinten drauf mit großem Tempo auf die Hauptstraße ein, ohne dabei seine Geschwindigkeit zu verringern.

Auf Fußgänger wurde keine Rücksicht genommen, aus unserer Sicht. Sie passierten die hochgefährlichen Straßen indes mit relativer Gelassenheit. Derart viele Fahrzeuge auf engem Raum hatten wir bislang noch nicht gesehen. Um Angst aufkommen zu lassen, blieb keine Zeit. Stattdessen bewältigten wir sie mit Galgenhumor und entschieden, uns dem gefährlichen Schicksal vertrauensvoll hinzugeben. Dennoch: Uns war mulmig zumute. Kein vergleichbarer Beruf in unserem Land kam uns in den Sinn, bei dem in einer Sekunde solch ein Risiko in Kauf genommen wurde, wie jenes von Verkehrsteilnehmenden in Kalkutta. Auffallend war, dass nur Männer Fahrzeuge lenkten.

Auf einem fahrenden Moped saß ein Mann mit einem Mädchen, vermutlich war es seine Tochter. Er trug den Helm, der Kopf des Kindes war ungeschützt. *Was mag dies bei dem Mädchen auslösen?*, fragten wir uns. Dass der Vater schützenswerter als das Kind ist? Würde der „Ernährer" sterben, wäre dies für die Familie unbestritten die größere Tragödie. Am Straßenrand sahen wir vereinzelt Kinder, die Wäsche wuschen. Eine Hündin lief mit ihren drei Jungen nahe der für sie todbringenden Straße. Hauptsächlich waren japanische und koreanische Pkw unterwegs, ebenso unzählige der seit Jahrzehnten unverändert gebauten „Ambassadors" aus heimischer Produktion. Das Regelwerk auf Indiens Straßen zeigte sich bald und deutlich: Stärke und größere Fahrzeuge hatten Vorrang. Alle anderen Verkehrsregeln schienen nach Gutdünken beachtet zu werden. Wir sahen einige wenige feudale Gebäude mit der Architektur aus der Zeit des britischen Empire, jedoch waren sie allesamt verfallen. Der Fahrer unseres Autos wirkte angespannt und hoch konzentriert. Er schien an die Situation gewöhnt zu sein und fühlte sich durch Wolfgangs Bezeichnung „Profi" geschmeichelt. Wenn wir in unserem Land eine Taxifahrt unternehmen, können wir sie in der Regel entspannt erleben, vielleicht einen netten Small Talk mit dem Fahrer führen. Bei unserem Fahrer ging es um „alles". Doch war er ja nur *ein* Fahrer, bei dem es um „alles" ging. Zugleich waren Hunderte andere unterwegs. Ungeachtet dessen wurde dennoch „Alltäglichkeit" in dieser Verkehrssituation vermittelt. Alle waren intensiv damit befasst, jede Möglichkeit, jede Sekunde zu nutzen, um eine Lücke im Fließverkehr zu schließen. Wir fragten uns: *Wozu dieser Stress?* In der Stadt war eine enorme Hektik spürbar. Es war klar, dass Unfälle nicht annähernd, wenn überhaupt, aufgenommen wurden wie in Europa. Bei einem Unfall würde das Verkehrschaos eskalieren, weil alle Fahrzeuge zum Stillstand kämen. Wir spekulierten, ob und wie die Fahrzeuge versichert waren. Fließ-, Gegen-, Querverkehr, alles gleichzeitig, ungeregelt und hektisch. Auf die Frage, ob es viele Unfälle gebe, erschien uns die beschwichtigende Antwort des Taxifahrers: „Very little", unglaubwürdig.

Seltsam war, dass die vielen streunenden Hunde offenbar „no problem" waren. Dass es genügend Touristen – so die Aussage des Fahrers – in der Stadt gebe, das bezweifelten wir, denn Touristen waren nicht zu sehen. Auf der Fahrt zum Hotel sahen wir bereits die entsetzliche Armut der Menschen. Die Luft war stickig, staubig und schwül. Im Hotel angekommen fielen wir in einen mehrstündigen Erholungsschlaf. Nachdem wir ein verspätetes Frühstück eingenommen hatten, „wagten" wir uns auf die Straße, um Mineralwasser in einem Supermarkt zu kaufen. Die Vielfalt befremdlicher Eindrücke überwältigte uns, weshalb wir öfter stehen blieben, dadurch jedoch in Gefahr gerieten, von einem Vehikel überfahren zu werden.

Ein angegurteter Taxifahrer in einem Hindustan-Ambassador-Taxi – eine Ausnahme unter den Chauffeuren.

Fußgänger*innen und Radfahrende passieren gelassen die Straßen inmitten der viel zu schnell fahrenden Autos.

In den Straßen herrscht dichtes Verkehrsaufkommen.

Busse dieser Bauart, ständig menschenüberfüllt, prägen das Straßenbild.

Die alten Straßenbahnen sollen angeblich besonders umweltfreundlich sein.

Ein Rikscha-Fahrer ruht sich von der schweren Arbeit aus.

Das Fairlawn Hotel

Es gab einen sicheren und ruhigen Ort, an dem überdies ein guter Geist wehte: unser Hotel mit seiner Besitzerin „Miss Violet". Wir waren im Fairlawn Hotel in der Sudder Street 13A, im Zentrum von Kalkutta untergebracht. Das Hotel war in Familienbesitz, altmodisch und nostalgisch-exzentrisch eingerichtet. Der Tag im Hotel begann mit typisch britischem Humor. Miss Violet, gestützt von zwei ihrer Angestellten, betrat den Speisebereich. Während sie zu ihrem Tisch geführt wurde, auf dem stets das Schild „Reserved" stand, äußerte sie mit spitzbübischem Lächeln: „Good morning beautiful people, the old cripple is coming!" Wir gaben im Speisebereich des Hotels unsere Bestellung auf: *„One more coffee, please."* Es bediente uns ein Kellner, bei dem wir bei jeder Bestellung das Gefühl bekamen: „Wenn's denn sein muss ..." oder „Ich würde das nicht bestellen, aber bitte ..." Die einzige Gesichtsregung war das Schieben der halben Unterlippe nach vorne. Ein „thank you" unsererseits wurde mit einem angedeuteten Kopfnicken ohne Blickkontakt erwidert. Ein anderer Kellner führte eine noch knappere Kommunikation mit uns, nachdem wir eine Abendmahlzeit eingenommen hatten. Er:

Wir beide im Eingangsbereich des Fairlawn Hotels in der Sudder Street im Zentrum von Kalkutta.

"Finished"? Wir: "Yes". Er: "200." Von Tag zu Tag wurde er zugänglicher, dennoch blieb er für uns nicht einschätzbar.

Wolfgang:

> Ich saß allein im Speisesaal. Der Kellner kam zu mir und ich erbat die Menükarte, woraufhin er mir erklärte, dass jemand anderer kommen werde, weil er bereits dienstfrei habe. In diesem Moment wurde das Hupen der Autos, das unentwegt von der Straße in den offenen Speisebereich hereintönte, von den Geräuschen des Kochs, ein starker Raucher, untermalt. Lautstark würgte er den überschüssigen Trachealschleim hoch, um ihn danach mindestens ebenso kraftvoll herauszuschleudern. Ich entschied, das Abendessen später einzunehmen. Wieder im Zimmer, ein lauter Schrei von Sabine! Was war geschehen? Vorab sei erwähnt, dass ich in der Nacht zuvor ein Geräusch gehört hatte, etwa so, als würde jemand mit den Zähnen knirschen. Ich rannte zu Sabine und fragte, was los sei. Sabine: "Eine Ratte, nein, eine Maus, warte mal, diese Größe" (sie zeigte etwa 8–10 Zentimeter). "Das ist eine Maus, oder?!?" Da entdeckte ich die Urheberin des knirschenden Geräusches auch schon. Eine Maus hatte es sich in der Nacht in den Zwiebackvorräten gemütlich gemacht. Zugegeben, trotz Vorwarnung erschrak ich ordentlich beim Anblick des Nagers. Froh war ich dennoch, dass es sich um keine Ratte handelte, zumal wir im Hotel so manchen Rattenschwanz hinter einem der langen schweren Vorhänge verschwinden sahen. Sabine, mittlerweile wieder mutig wie sonst auch, machte sich daran, die Maus einzufangen und sie aus dem Zimmer zu bringen. Das gefräßige Tierchen jedoch versteckte sich und wurde nicht mehr gesehen.

Miss Violet bei einem weiteren Versuch, Wolfgang zumindest für fünf Minuten als ihren „Toyboy" anzuwerben.

Miss Violet legte viel Wert auf ein gepflegtes äußeres Erscheinungsbild, Schminke und Schmuck.

Unser Hotel war in nostalgisch-exzentrischem Stil eingerichtet und lag direkt neben einer stark befahrenen lauten Seitengasse.

Das Abendessen bestand meistens aus Reis und gekochtem Gemüse in Tomatensauce. Wolfgang fühlte sich an diesem Tag von der Fülle an Eindrücken ermattet.

Wie die Menschen auf uns wirkten

Wir waren auf der Suche nach einem Geschäft, um einige Flaschen Mineralwasser zu kaufen. Ein kurzes Wegstück begleitete uns ein freundlich lächelnder Mann. Er deutete an, uns zu einem Lokal führen zu wollen. Wir fragten ihn hingegen nach dem nächsten Supermarkt. Er gab bereitwillig Auskunft. Hinter Sabines Rücken zeigte er Wolfgang, dass er Rauschmittel zu verkaufen hatte. Auf dem Hin- und Rückweg zum Geschäft wurden wir etappenweise auch von einer Frau mit ergebener Körperhaltung begleitet. Sie bat mehrmals um Geld. Lächelnd näherte sie sich und fasste immer wieder nach Sabines Hand. Sie hielt mit der einen Hand eine leere unsaubere Baby-Trinkflasche hoch und deutete mit der anderen an, dass in einer Seitengasse ihr hungriges Baby lag und auf (unsere) Hilfe wartete. Sie verstand es, uns zu vermitteln: „Ihr wisst genau, dass ihr mir Geld geben müsstet." Aus moralischer Sicht hatte sie darauf natürlich Anspruch.

Ein wohlgenährter Mann zog einen einfachen Holzwagen. Auf diesem lag ein stark untergewichtiger junger Mann, dessen Beinmuskulatur stark atrophiert wirkte. Auf seinem Bauch balancierte er eine Blechschale, in der einige wenige Münzen lagen. Die beiden schienen zueinander keine nahe persönliche Beziehung zu haben, vielmehr unterhielten sie eine Art Zweckgemeinschaft, so unsere Einschätzung. Der liegende Mann fixierte uns mit stechendem Blick. Seine weiße Kleidung war sauber. Er wirkte gepflegt.

Die Rikscha-Fahrer nahmen mit den Augen und der erhobenen Hand Kontakt zu uns auf, um uns eine Fahrt anzubieten. Ein „Nein" unsererseits wurde von ihnen im Gegensatz zu den bettelnden Menschen sofort akzeptiert. Die Rikscha-Fahrer wirkten auf uns müde. Dann und wann saßen beleibte und mit farbenfrohen Gewändern bekleidete Frauen in den Rikschas. Sie schienen wohlhabend zu sein.

Auffallend war, dass in dem dichten Menschengedränge nur wenige Kinder und keine Jugendlichen zu sehen waren. Manchmal waren Kinder mit dem Waschen von Wäsche am Straßenrand beschäftigt.

Die Menschen blickten durchdringend und ernst, als wären sie permanent und intensiv mit Problemen beschäftigt. Ihr Blick wirkte auf uns oft verächtlich und vorwurfsvoll. Wenn wir den Augenkontakt zu einer Person aufnahmen, neigte diese rasch den Kopf zum Boden. Niemand lächelte. Wolfgang blickte einem Fahrrad fahrenden jungen Mann länger in die Augen, woraufhin der das Fahrtempo verringerte und laut zu schimpfen begann. Sein Tonfall und die Gestik waren aggressiv, als würde er schreien: „Na, du! Stehst da und musterst uns!" Wir fühlten uns ausgeliefert und schutzlos. Auf den Hausdächern standen Männer, die uns beobachteten und währenddessen telefonierten. Wir vermuteten, dass sie (zweifelhafte) Geschäfte in den Straßen „von oben" organisierten und steuerten. Das Gehabe der Menschen verriet: „Wir sind stärker als ihr." Wir waren die einzigen Nicht-Inder weit und breit. Überwiegend waren Männer auf den Straßen unterwegs, die vor allem Sabine anstarrten und sie musterten.

Wolfgang:

> Ich bat Sabine, den längeren Blickkontakt zu männlichen Personen zu meiden. Ich war angespannt, weil ich fühlte, dass uns kaum jemand zu Hilfe kommen würde, sollten wir in Schwierigkeiten geraten.

Die Berichterstattung über den gewaltsamen Tod einer 21-jährigen Studentin, die Medien nannten sie „Brave heart", lag erst wenige Monate zurück und kam uns immer wieder in den Sinn. Sie kam im Zuge einer Gruppenvergewaltigung in einem fahrenden Bus neben ihrem Freund gewaltsam zu Tode.

Der Mann im Leiterwagen balanciert eine Schale auf dem Bauch und bettelt um Geld.

Die Rikscha-Fahrer leisten Tag für Tag Schwerstarbeit.

Rikschas prägen das Straßenbild.

Selten sahen wir edel gekleidete und wohlgenährte Frauen.

Kinder beim Waschen von Wäsche.

Das Straßenbild

Geschäft um Geschäft säumte die Straßen. Manche Verkaufsstände waren nur etwa einen Meter lang. Für Kinder gab es oft bunten Kaugummi und kaum pädagogisch wertvolles Spielzeug zu kaufen.

Wir entdeckten in all den Gassen und Straßen ein einziges Geschäft, in dem wir unbesorgt Lebensmittel einkaufen konnten, weil beispielsweise verderbliche Ware gekühlt gelagert wurde. Dort versorgten wir uns mit verplombtem Mineralwasser, Zwieback und trockenen Keksen. Die Produkte, die es in den Apotheken zu kaufen gab, waren jedoch durchweg abgelaufen und die Verpackungen stark verunreinigt. Die Abbildung auf der nächsten Seite zeigt das Geschäft eines Schusters auf einem Gehsteig neben einer dicht befahrenen Straße. Seine Fläche betrug etwa 2 Quadratmeter.

Im Winter sind in Kalkutta angenehme 27 Grad Celsius. Während kurz vor dem Einsetzen des Monsuns eine drückende Hitze und Schwüle vorherrscht, bescheren die von Juni bis September einsetzenden Regenfälle Abkühlung. Wir besuchten die Stadt im August. Als es stark zu regnen begann, durften wir uns bei einem Stand unterstellen. Ein auf der Straße sitzender Gemüsehändler spannte einen Schirm über sich und die Schalen, in denen das Gemüse zum Verkauf bereitlag, auf. Die Schalen lagen direkt auf dem stark verunreinigten Boden. Das Gemüse wurde abgeregnet. Die Farben der Gurken, Paprika, Tomaten, jene von Kohl und Auberginen, waren kräftig und das Gemüse schaute auf den ersten Blick gesund aus, jedoch war das Regenwasser nach unserem Ermessen hochgradig schadstoffbelastet. Weil der Regen nicht nachließ, entschied der Verkäufer schließlich doch, eine Schale mit Datteln zum Trocknen unter einen Dachvorsprung zu stellen. Gemüse und Früchte wurden mehrmals am Tag abgeregnet, um zwischendurch in der Sonne wieder getrocknet zu werden.

Das Geschäft eines Schusters auf einem Gehsteig. Es hat eine Fläche von ca. 2 Quadratmeter.

Eine Gasse in Kalkutta, gesäumt von einer Vielzahl an Verkaufsständen.

Ein Mann vor seinem Geschäft, das zugleich seine Wohnung ist.

Wohnen und Verkaufen auf wenigen Quadratmetern.

An vielen Ständen wurden Datteln zum Verkauf angeboten.

Einer der häufigen Starkregen in den Gassen Kalkuttas.

Menschen und Tiere leben miteinander auf engstem Raum.

In einer Ecke ihres Verkaufsstandes ist die Besitzerin eingeschlafen.

Geschirrspüle, Wäschepflege und Hundeschlafplätze; alles liegt nahe beieinander.

Hier gibt es frische Melonen zu kaufen und …

… Bananen und …

... Kokosnüsse.

Das Leben der Menschen

Unzählige Menschen lebten in der Stadt. Familien mit mehreren Kindern und Tieren lebten auf einer Fläche von etwa 3 x 3 Meter, direkt an und auch auf der Straße. Der „Wohnraum" bestand aus einer Holzplatte, die provisorisch auf etwa 30 cm hohe Holzpfosten montiert war, einer unverputzten Mauer in der Höhe von etwa 2 bis 3 Meter und einem Dach aus Wellblech oder -pappe, meist ohne Elektrizität. In der unteren Etage schliefen häufig die Kinder direkt auf dem Boden. Davor war das Haustier, eine Ziege oder eine Kuh, angeleint. Viele dieser Wohnungen waren zugleich auch Geschäfte.

Eine große Anzahl der Menschen lebte in Wellblechhütten, ohne Elektrizität, fließend Wasser und Kanalisation. In unmittelbarer Nähe einer Mülldeponie befand sich ein Waschplatz. Männer seiften sich ein, schrubbten sich, der Unterleib blieb dabei stets mit Kleidung bedeckt. Sie schütteten sich das Wasser aus kleinen Behältern über den Körper. Auch Autos wurden dort gewaschen. Nur wenige Waschplätze verfügten über fließend Wasser. An einem nahe an einer Hauptstraße gelegenen Waschplatz war das Wasser, das aus einem Schlauch rann, braun verfärbt. Die Zähne wurden mit kleinen Zweigen, die an einem Ende ausgefranst waren, gereinigt. An einem anderen Waschplatz beobachteten wir Frauen beim Waschen von Babys.

Unmittelbar neben den Tieren wohnten, pflegten sich, kochten und aßen die Menschen, eine für uns erschreckende und zugleich schlüssige Parallelität der Lebensweisen von Menschen und Tieren. Nur wenige Menschen waren stilvoll und sauber gekleidet. Wir konnten nicht beobachten, dass die Menschen innehielten, um zu beten, wenn fünfmal täglich der Gebetsaufruf über Lautsprecher ertönte.

Des Öfteren sahen wir Menschen am Straßenrand schlafen. Der „Schlafplatz" eines Mannes erschien uns besonders gefährlich: Er lag auf einem Asphaltstreifen zwischen zwei stark befahrenen Richtungsfahrbahnen. Offensichtlich war dieser Ort zum Schlafen geeigneter und ungefährlicher als jener zwischen den Ständen an den Gehsteigen, weil da seitlich nur Fahrzeuge unterwegs waren und keine Menschen über ihn laufen konnten. Einzelne lagen auf Pappe und auf blankem Stein, häufig in der prallen Sonne. Manche hatten ihre wenigen Habseligkeiten in einem abgenutzten löchrigen Plastiksäckchen verpackt, das als Kopfpolster diente. Allesamt wirkten diese Männer, sie waren wohl obdachlos, extrem erschöpft. Selten sahen wir Frauen, die auf den Straßen schliefen.

Ein Blick nach oben offenbarte immer wieder die Baufälligkeit der Gebäude sowie das schwärzlich düstere Mauerwerk. An den Strommasten hing ein Gewirr an ungeschützten Kabeln, Drähten und Hochspannungsleitungen, sie waren Todesfallen für Menschen und Tiere. Für uns war es unvorstellbar, wie im Falle eines elektrischen Problems jemals geholfen werden konnte.

Auf den Straßen herrscht reges Treiben.

Die Körperpflege erfolgt auf der Straße.

Auch Friseure prägen das Straßenbild.

Menschen und Tiere leben miteinander und müssen mit wenig Platz auskommen.

Das Gemäuer der Wohnhäuser ist von Autoabgasen und Kohlenfeuer schwärzlich verfärbt.

Die Stromversorgung wirkt äußerst fragil und bedeutet eine Gefahr für Menschen und Tiere.

Verkehrsfreie Plätze werden von obdachlosen Menschen zum Schlafen benutzt.

Menschen schlafen häufig auf blankem Stein, oftmals mitten in der Sonne.

Eine lärmende Stadt

In Kalkutta entdeckten wir zumindest in den Stadtteilen, in denen wir uns bewegten, keinen Ort, an dem wir vom Lärm und all der Hektik ausruhen konnten. Es gab weder Bänke noch Grünoasen. Das Risiko, im Wege zu stehen, angerempelt oder überfahren zu werden, war ständig vorhanden und hoch. Wir konnten die Augen nicht gefahrlos schließen, um etwa die Umgebung mit all den Eindrücken wahrzunehmen. Umso überraschter waren wir, als wir schließlich eine weitläufige Parkanlage entdeckten. Doch der Besuch des Parks, die Anlage wurde von bewaffneten Männern bewacht, war nur Wohlhabenden möglich, weil Eintrittsgeld zu bezahlen war.

Hauptsächlich trugen Hupen zur Geräuschkulisse der Stadt bei. Diese wurden unterschiedlich eingesetzt. Am häufigsten kam das energische Drücken der Hupe in kurzen Abständen zum Einsatz. Eine andere Möglichkeit war, die Hupe für etwa 15 bis 20 Sekunden durchgehend gedrückt zu halten. In diesen endlosen Sekunden dachten wir oft: *Bitte, es ist doch schon genug!* Wenn es auf der Straße wirklich eng wurde und die Vermeidung eines Unfalles kaum noch möglich war, wurden alle Hupen aller umliegenden Fahrzeuge gleichzeitig und ohne Unterbrechung gedrückt, egal ob es zwei-, drei- oder vierrädrige Fahrzeuge waren. Alle diese Weisen der Benutzung der Hupen waren für uns bis zu einem gewissen Grad nachvollziehbar. Eine Version des Hupens war allerdings unverständlich: manchmal drückten die Fahrer auf die Hupe, ohne dass irgendein anderes Fahrzeug weit und breit zu sehen war. Möglicherweise taten sie dies aus Gewohnheit, vielleicht haben wir aber auch nur etwas Wichtiges übersehen. Mit einfachsten Gegenständen und viel Kreativität wurden beispielsweise Fahrradhupen gebaut, die sehr gut funktionierten. Hierzu wurde auf eine Plastikflasche ein Trichter gesteckt und beide Teile wurden mit einem Klebeband fixiert. Wie auch immer, es wurde unentwegt gehupt.

Arbeit am Bau unter Lebensgefahr

Die meisten Gebäude waren extrem baufällig und einsturzgefährdet. Für den Bau von Hochhäusern stand kein Kran zur Verfügung. Überhaupt war kein Einsatz von größeren Maschinen sichtbar. Die allermeisten Arbeiten wurden von Hand durchgeführt. Anders als in unserem Land sind in Kalkutta die Arbeitskräfte, nicht das Material, der geringste Kostenfaktor. Um die Werkstoffe in die einzelnen Etagen zu befördern, wurden diese von den Arbeitern, die keine Schutzkleidung und -helme trugen, per Hand an einem Seil hochgezogen. Diese Prozedur war lebensgefährlich, weil die Arbeiter dabei frei und ohne Absicherung an den halb fertig gestellten Außenmauern der Gebäude standen. Wir beobachteten diese gefährliche Prozedur an einem etwa zehnstöckigen Objekt, bei dem Untersteher aus Bambus, nicht aus Stahl, zur Abstützung der Betondecken verwendet wurden. Beim Bau einer Abwasserleitung standen die Männer barfuß in einer drei Meter tiefen, an den Seitenwänden ungesicherten Künette (Abzugsgraben). Das lose Erdmaterial drohte, jederzeit auf sie herabzustürzen. Einmal mehr beobachteten wir ein Geschehen aus unserem Blickwinkel und vermissten beispielsweise jeglichen Arbeitnehmerschutz am Bau. Einige wenige Arbeiter lächelten uns an und vermittelten uns glaubwürdig: „Uns geht es gut."

Betondecken werden mit Unterstehern aus Bambus gestützt.

Wie beim Wohnbau arbeiten auch beim Kanalbau die Männer ungeschützt.

Luxuscenter inmitten der bitteren Armut

In einem modernen Einkaufszentrum gab es zum Glück eine WC-Anlage, weshalb wir das Gebäude betreten wollten. Alle Eintretenden wurden von einem bewaffneten Polizisten gescannt. Im Einkaufszentrum befanden sich ausschließlich Luxusboutiquen, dazwischen Regale mit Süßigkeiten in glänzendem Papier. Das war eine skurril anmutende Szenerie in Anbetracht der Gesamtsituation. Vor der Tür dieses Zentrums herrschte bittere Armut, drinnen wurden Luxusgüter verkauft, die niemand von draußen benötigte, beispielsweise Schmuck, Lederhandtaschen und edle Weine. Zudem hatte die Bevölkerung von der Straße gar keine Chance, dieses Zentrum auch nur zu betreten.

In einem bewachten Einkaufszentrum inmitten von Kalkutta gibt es Süßwaren zu kaufen.

Ein ähnliches Bild bot sich uns vor einem Krankenhaus und einem neuartigen Ärztezentrum. Auch hier standen Wachbeamte vor den

Gebäudeeingängen. Nur wenige Meter entfernt lagen unterernährte, schwer kranke Menschen, vor allem Kinder, auf den blanken Asphaltböden.
Die um Almosen bettelnden Menschen saßen allein oder in Gruppen auf der Straße. Zwischen ihnen lagen oftmals schlafende Babys und Kleinkinder. Ob es der Wahrheit entspricht, dass Kinder durch Medikamente oder Drogen ruhiggestellt werden, um durch ihren Anblick beim Betteln bessere „Chancen" zu haben? Wir sahen Menschen mittleren und hohen Lebensalters mit verkrüppelten oder fehlenden Gliedmaßen und in schmutzigen Verbandmull gewickelte Leprastümpfe an Armen und Beinen. Tagelöhner mit zerlumpten Gewändern und Händler, die ihre Waren in großen Körben auf dem Kopf trugen, waren massenhaft in den Straßen unterwegs. In den Mauernischen saßen vereinzelt abgemagerte Männer. Einige schienen in Trance zu sein. Daneben standen ihre Krücken, die oftmals aus einem Baumast gefertigt waren. Den Vorbeigehenden streckten sie ihre mageren Hände entgegen. Einheimische gaben ihnen hin und wieder Geld. Offenbar hatten einige ihren fixen Bettelplatz, denn wir trafen sie tagtäglich an derselben Stelle an.

Kinderlachen – ein Stück heile Welt in Kalkutta

Wir besuchten eine Schule, die sich direkt neben einer großen Mülldeponie befand, und erlebten inmitten der tristen Stadt ein Stück heile Welt. Gepflegte und gut genährte Mädchen und Buben aus wohlhabenden Familien, sie trugen saubere Schuluniformen, tanzten Ringelrei. Sie lachten, waren ausgelassen, fröhlich und unbeschwert. Wir genossen es, in Kalkutta erstmals befreites Kinderlachen zu hören. Endlich gab es jemanden, der sich über unsere Anwesenheit aufrichtig freute. Die Kinder posierten bereitwillig und unaufgefordert für einige Fotos, um sie danach mit keckem, neugierigem Lachen auf der Kamera anzusehen.

Sie waren übermütig und zum Scherzen aufgelegt …

Fröhliche Schulkinder tanzten Ringelrei und …

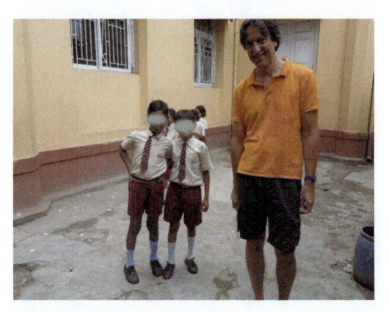

… sehr an uns interessiert.

Jahrmarktstimmung in der Sudder Street

Nach dem Abendessen in unserem Hotel wagten wir uns auf die Straßen, um einen Eindruck vom Nachtleben in Kalkutta zu bekommen.

Auf den Straßen herrschte ein buntes Treiben. Gepflegte geschminkte Frauen, bekleidet mit farbenprächtigen Saris, betraten ein Stoffgeschäft und wurden dort mit einem Getränk empfangen. Es schien sich eine eher wohlhabende Gesellschaft in den Geschäften einzufinden. Anders als am Tag fuhren nun auch einige wenige Damen mit Mopeds. Manche waren in Begleitung von Kindern, deren Köpfe jedoch nicht durch Helme geschützt waren.

Eine große Menschenmenge war unterwegs, zwischendurch versuchten Fahrzeuge, voranzukommen. Die kleinen Verkaufsflächen der Stände entlang der Straßen boten eine Vielzahl an Produkten und schmackhaften Köstlichkeiten an, etwa Kokosnüsse. Ganze Lokale befanden sich auf kleinsten Wagen oder Ständen am Bürgersteig, allesamt waren sie eng aneinandergereiht. In großen Metallbottichen oder -pfannen wurden überwiegend Fleischspeisen gekocht.

Am Flughafen in Dubai hatten wir bei der Zwischenlandung während der Anreise eine edel gekleidete Dame vor einem luxuriösen Lokal beobachtet, die mit der Speisekarte in der Hand die Vorübergehenden zum Restaurantbesuch einlud. Hier standen nun auch junge Männer vor den Ständen und warben mit der Speisekarte in der Hand um die Laufkundschaft.

Die abendliche Stimmung in Kalkutta war eine andere als die Stimmung tagsüber. Diese Menschen wirkten unbeschwerter und freudvoller. Manche genossen ein Eis. Sie saßen in kleinen Gruppen auf dem Boden beisammen, unterhielten sich, aßen und tranken miteinander. Inmitten des Treibens auf einem Markt stellte ein Mann sein Klappbett auf, um in diesem kurz darauf einzuschlafen. Auch Hunde nutzten diesen Platz, um auszuruhen, wohl deswegen, weil dort keine Autos fuhren und sie ihres Lebens sicher sein konnten. Wir saßen, gemeinsam mit einigen anderen Marktbesuchenden, beobachtend auf einer Mauer. Mehrmals kamen Männer mit alten großen und schweren Eisenkannen zu uns, um Kaffee anzubieten. Das Tragen der Gebinde war sichtlich Schwerstarbeit. Dennoch kaufte niemand für uns ersichtlich Kaffee.

Eine wohlhabende Familie ließ Farblichter mit batteriebetriebenen Propellern in die Lüfte steigen. Auch hier beobachteten wir nun einige fröhliche Kinder beim Spielen. Einheimische erzählten, dass die Sudder Street der Touristengegend von Kalkutta angehörte. Offensichtlich kamen jedoch nur vereinzelt ausländische Gäste in die Stadt, und wir überlegten, wie sie die Tage in Kalkutta wohl gestalteten.

Mit dieser Maschine wird Bambussaft hergestellt.

Während Bambus bei uns zu Lande vor allem als Holzart bekannt ist, dienen die jungen Schösslinge der Gemüsepflanze den Menschen in Kalkutta als Nahrungsquelle. Neben dem Bambusreis, das sind die gekochten Samen des Bambus, wird auch Bambussaft aus den Schößlingen hergestellt. Damit der Saft nicht bitter schmeckt, wird die Pflanze zuvor geschält. Aus dem Korn des Bambus wird Tee produziert, der reich an Kohlenhydraten, Ballaststoffen, Proteinen, Fetten, Mineralstoffen und Vitaminen ist.

Der Geruch (in) der Stadt

Kohle, Holz und brütende Hitze

Entlang der Straßen reihte sich eine Kochstelle mit Speisenausgabe neben die andere. Die Verkaufsflächen waren durch Sonnenschirme und Kunststoffplanen, die auf Bambusstäben befestigt waren, vor Regen geschützt. Wo die Stände sehr dicht aneinandergereiht und sich mit einem Abstand von nur etwa zwei Metern gegenüberstanden war es zusätzlich düster, weil nur wenig Licht durchdringen konnte und der Dampf die klare Sicht trübte. Bei den meisten Buden wurde Essen in großen gusseisernen Behältern und über dem offenen Feuer gekocht. Hierzu verwendeten sie hauptsächlich Kohlen, manchmal auch Holz. Bei ohnehin schon durchschnittlich 36 Grad Lufttemperatur bildete sich unter den Planen eine enorme Hitze und Schwüle. Schon frühmorgens waren die Töpfe mit fertigen warmen Speisen gefüllt. Am Kochen von Speisen über dem offenen Kohlefeuer beteiligten sich auch Kinder. Eine Menge Kohlenstaub dürfte ihre Lungen schon in jungen Jahren massiv belastet haben. Doch wo wurde das Geschirr der „öffentlichen Straßenlokale" abgewaschen und wo tätigten all die Menschen, die sich den ganzen Tag über bei den Ständen aufhielten, ihre Notdurft?

Wir wagten einen Blick hinter die Verkaufsstände. Am Boden standen Blechbehälter mit abgestandenem dreckigem Wasser, das eine braune Farbe angenommen und sicherlich massiv keimbelastet war. In diesen Gefäßen wurde das benutzte Essgeschirr abgespült. Daneben befanden sich Behältnisse mit Speiseresten, an denen sich streunende Katzen, Hunde, Mäuse und Ratten labten. Weil bei den Hindus viele Tiere in Beziehung zu einer Göttin oder einem Gott stehen, werden sie als heilige Tiere verehrt, so auch die Ratten. Sie sind besonders beliebt, weil sie die Reittiere des Gottes Ganesha sind, der in der Gestalt einer elefantenköpfigen Figur verehrt wird (Terhart & Schulze, o. J., S. 145).

Das Essen wurde auf Zeitungspapier oder in Lorbeerblatt-Schalen angerichtet. Verkauft wurden in heißem flüssigem Fett gebackenes

Kartoffelpüree, gekochte, gebackene und gegrillte Maiskolben, Fladenbrote, süße und saure Omeletts und fettiges Gehacktes. Auch Imbisse aus Hühner- und Rinderfleisch wurden zum Verkauf angeboten, obwohl Kuh und Rind in Indien als heilige Tiere verehrt werden.

Entlang der Straßen befinden sich eng aneinandergereihte Kochstellen und Restaurants.

Über glühenden Kohlen gekochte Fleischspeisen.

Typische Straßenküchen.

Alles auf engstem Raum.

Rohes Fleisch und Tierblut

Dem Gestank von geschlachtetem rohem Fleisch konnten wir nirgendwo entkommen. Tierkadaver hingen ungekühlt unter freiem Himmel und wurden zum Verkauf angeboten. Ein Mann „säuberte" das rohe Fleisch mit einem schmutzigen Laken, woraufhin die Schwärme an Fliegen von einem Fleischstück zum nächsten flogen. Baumstümpfe dienten als Hackbrett für Fleisch. Dann und wann warfen die Leute den Krähen Fleischabfall zum Fraß vor. Ein Mann verkaufte rohe Rinderköpfe mitsamt den Augen der Tiere. Das Blut der Schlachttiere vermengte sich mit der Fäkalienspur am Straßenrand. Sabine: „Mir war oft übel und an extrem heißen Tagen, an denen der Gestank bestialisch in die Nase stieg, konnte ich den Brechreiz nur mit Mühe unterdrücken." Wir gewöhnten uns an, den Atem beim Vorbeigehen an Ständen mit rohem Fleisch anzuhalten.

Zum Schutz vor Fliegen wurde das rohe Fleisch mit nassen Tüchern bedeckt.

Exkremente und Körpersekrete

Der Fäkaliengeruch verschlug uns zeitweise den Atem. Obwohl die meisten Männer Hosen mit T-Shirts trugen, sahen wir viele mit dem traditionellen Lungi, das ist ein Wickelrock für männliche Personen. Lag ein Ausscheidungsbedürfnis vor, hockten sich die Männer auf den Boden, um Blase, Darm, oder beides, zu entleeren. Laut Vesper (2015, o. S.) haben 55 % der Bevölkerung keinen Zugang zu einer Toilette. Mit Kot beschmiertes Zeitungspapier wurde am Straßenrand einfach abgeworfen. Einige Männer kauten an Blättern und spuckten die Reste der eingespeichelten Pflanzenteile dort aus, wo sie sich gerade befanden. Wir konnten nicht in Erfahrung bringen, um welche Blätter es sich handelte. Vor allem reizte der Kohlenstaub in der Luft die Schleimhäute. Auch hier waren es die Männer, die überschüssiges Sekret aus dem Rachen in den Mund hochräusperten, dann das Nasensekret in den Mund hinunterzogen, um es schließlich geräuschvoll abzuhusten. Weil Männer oftmals auf den Hausdächern standen und das Geschehen auf den Straßen beobachteten, spukten sie von dort aus ungeniert Schleim hinunter auf die Straßen. Wir waren auf der Hut, um nicht Opfer einer ergiebigen Schleimattacke zu werden. Bei Frauen konnten wir derlei Verhalten nicht beobachten.

Müll, Müll, Müll – wohin wir auch blickten

Die Straßenränder waren durchgängig voller Müll und Schmutz und boten vor allem den Ratten ein Paradies. Die unten stehende Abbildung zeigt einen abgestellten Müllwagen, auf dem ein Hund einen Platz zum Ausruhen gefunden hatte. Männer einer niedrigen Kaste transportierten Müll in solchen Wagen zu Müllplätzen, auf denen wiederum Menschen wie Tiere, beispielsweise Krähen und Ratten, nach Essbarem und Verwertbarem suchten. Während unseres Aufenthalts in der Stadt sahen wir zwei-, vielleicht auch dreimal einem Müllmann bei der schweren und ekelerregenden Arbeit zu. Trotz dieser Entsorgungsversuche sahen wir Müllanhäufungen, wohin wir auch blickten. Unklar blieb, wohin der Restabfall von den Müllplätzen weiter entsorgt wurde.

Ein Müllwagen, auf dessen Ablage ein Hund einen Ruheplatz gefunden hat.

Am Nachmittag war das Spülwasser für Geschirr bereits stark verunreinigt und braun verfärbt.

Weitere Impressionen.

Menschen und Tiere suchen nach Ess- und Brauchbarem in einer Mülldeponie inmitten eines Wohngebietes.

Die Tiere in Kalkutta

Den Tieren in Kalkutta wollen wir ein Kapitel widmen, denn sie führen ein erbärmliches Leben.

Eine abgemagerte weiß-schwarze Katze mit borstigem staubigem Fell, sie wirkte verwahrlost, streunte umher. Ihr Leben hier war gewiss ein einziger Überlebenskampf, Tag für Tag.

Völlig erschöpft und entkräftet von der unentwegten Suche nach Futter und Wasser schliefen Hunde an den Straßenrändern und unter den Rikschas. Manche sanken während des Gehens spontan zu Boden und rollten sich zum Schlafen ein, manchmal mitten auf der Straße und trotz lauten Hupens. Die meisten Hunde wirkten apathisch. Ihr Fell war borstig, viele waren verletzt oder verspürten Juckreiz durch Ungezieferbefall. Ein Autofahrer bremste zu unserer Verwunderung für einen Hund.

Auch viele Katzen waren unterwegs. Wolfgang: „Hat denn das kleine Katzenbaby mitten auf der Straße eine Überlebenschance?"

Vor allem dienten den Hunden die kleinen Ablageflächen an den Müllwagen als sicherer Schlafplatz. Immerhin hatten sie dort höhere Überlebenschancen als während des Schlafes auf oder neben den Straßen. Manche Hunde streunten in Rudeln durch die Straßen. Sie teilten miteinander die wenigen noch fressbaren Speisereste, streunten und schliefen stets gemeinsam. Hin und wieder warfen ihnen Menschen rohe Fleischabfälle oder Kartoffelschalen zu.

Hühner waren eng in Käfigen mit Gitterstäben zusammengepfercht. Darin fanden sie manchmal nicht genügend Platz, weshalb sie aufeinandersaßen. Viele von ihnen waren gefiederlos. Nicht selten standen sie stundenlang in der prallen Sonne. Das Schlachtbrett, auf dem sie früher oder später ihr Leben lassen mussten, befand sich nur wenige Meter entfernt in Sichtweite der Tiere.

Vor unserem Hotel wurde eine Ziegenherde, etwa 100 Tiere, mitten durch die Stadt getrieben. Wohin wurden die Tiere gebracht, wo es doch keine Weideflächen für sie gab? Man sagte uns, dass die Ziegen in den nahe gelegenen „New Market" zur Schlachtung gebracht werden. Die Tiere waren auf dem Weg dorthin einem enormen Stress ausgesetzt. Viele schwankten, andere bewegten sich ruckartig oder sprangen aufgeregt hin und her, während sie neben fahrenden und hupenden Autos, begleitet vom lauten Schreien der Männer, durch die engen Gassen getrieben wurden. Wie in so vielen anderen Situationen konnten wir auch diese gar nicht fassen. Immerhin müssen in der Metropolregion Kalkutta, das ist der drittgrößte Ballungsraum Indiens, 14 Millionen Menschen, allein in Kalkutta 4,5 Millionen, ernährt werden. Das System zur Versorgung der Bevölkerung mit Nahrung war nicht mehr zu überblicken, weshalb es sich verselbstständigt hat bzw. den Bemühungen von Einzelpersonen unterlag. Bald war uns klar, dass die Tiere für die Menschen reinen Nutzwert als Nahrungsquelle hatten. Eine liebevolle Beziehung, wie wir sie hierzulande teilweise zu Tieren pflegen, gab es offensichtlich nicht.

Oftmals beobachteten die Tiere mit müden Augen das Treiben um sich herum. Die meisten waren abgemagert und sehr hungrig. Kühe, Rinder, Ziegen, Hunde, Katzen und Ratten suchten gemeinsam, ohne Zank und Kampf, im Müll nach Nahrung. Wir sahen, wie eine Kuh versuchte, ein weggeworfenes Plastiksäckchen mit Abfällen aufzureißen, darauf hoffend, darin etwas Fressbares zu finden. Kühe und Ziegen lebten auf wenigen Quadratmetern, standen auf Betonböden, waren eng angeleint und sahen hinter Gitterstäben hervor.

Wolfgang: „Mir war es in Kalkutta nicht möglich, Fleisch zu essen."

Dieser Hund rührte uns besonders. Er hatte eine Kopfverletzung und lag allein am Straßenrand. Es war ihm anzusehen, wie erschöpft und elend er sich fühlte.

Überall waren erschöpfte schlafende Hunde zu sehen.

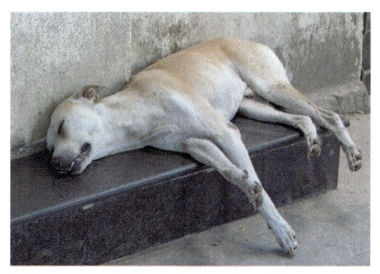
Die Tiere schliefen auf den Gehsteigen, meistens auf dem heißen Asphalt.

Ein Rudel Hunde streunte und schlief gemeinsam.

Kampflos teilt dieses Rudel miteinander das Futter.

Hunde und junge Kälber suchen im Müll nach Essbarem.

Ein mageres hungriges Kalb reißt gierig ein Plastiksäckchen auf.

Dieser Hund ist während der Futtersuche im Müll eingeschlafen.

Viele Hühner müssen sich den Platz in engen Käfigen teilen.

In diesem Stall lebte eine braune Ziege. Aufgrund der zu niedrigen Höhe konnte sie darin nur liegen, niemals stehen.

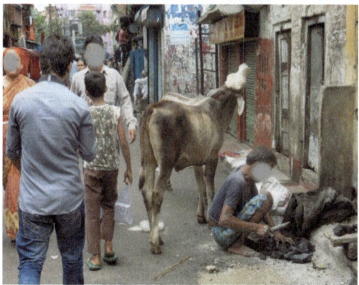

Menschen und Tiere ziehen durch die Gassen.

Die meisten Tiere waren sehr kurz angeleint.

Diese Kuh fristete ihr Dasein hinter Gitter und auf einem Betonboden.

Diese weiße Kuh lag mit leerer Futterschale am Straßenrand, mitten in ihren Exkrementen. Sie konnte nicht aufstehen, weil die Leine zu kurz an einem Gittertor angebunden war.

Auch dieser Kuh wurde das Aufstehen wegen der kurzen Leine verunmöglicht, weshalb sie ihr Dasein auf dem Asphalt liegend fristen musste.

Viele Tiere hatten borstiges Fell und Juckreiz wegen Ungezieferbefall.

Eine Herde Ziegen wird durch das Gewühl an Menschen und Fahrzeugen in den Schlachthof getrieben.

Schlachttag – der Ramadan steht vor der Tür

Wir passierten einige Straßen, in denen Fleischer ihre Kühe, Hühner und Ziegen schlachteten. Es war der Tag vor Ramadan. Einige Eindrücke, die wir von diesem Tag mitnahmen, waren ekelerregend.

In den Straßen roch es intensiv nach frischem Blut und Fleisch, ein für uns abscheulicher Gestank. Wir verspürten Übelkeit und waren mehrmals nahe daran, uns zu übergeben.

Eine Vielzahl geschlachteter Tiere bzw. deren bereits in Stücke zerlegte Körper hingen an Metallhaken. Weil es infolge des Monsuns stark regnete, mischte sich das Regenwasser mit dem Tierblut. Einige Straßen waren vom blutigen Regenwasser überflutet. In den Straßen, die wir benutzten, lag der Wasserstand bei etwa 30 cm. Wir hatten Glück, dass wir, obwohl wir barfüßig unterwegs zu unserem Einsatzort waren, nicht mit Tierblut in Berührung kamen.

In Metallkäfigen lebten zusammengepfercht zahlreiche Hühner ohne Futter und Wasser, auch ohne jeglichen Bewegungsfreiraum. Lediglich den Kopf konnten sie etwas auf- und abbewegen. Die Käfige standen häufig in der prallen Sonne. Direkt neben den Käfigen befanden sich die Schlachtbanken, auf denen die Tiere getötet und zerteilt wurden. Die anderen Hühner mussten das Schlachten und Sterben ihrer Artgenossen mitanhören und mitansehen. Mehrmals sahen wir Männer auf Fahrrädern, an denen etwa 40 tote Hühner mit dem Kopf nach unten hingen. Die Tiere hatten reinen Nutzwert für die Menschen. Viele Leute kauften Fleisch. Berge aus Rindermägen, Gedärmen und anderen undefinierbaren fetten Fleischstücken wurden zum Kauf angeboten. Der Gestank war atemraubend. Wolfgang verlor hier gänzlich jeglichen Appetit auf Fleisch. Sabine ernährte sich ohnehin schon seit vielen Jahren vegetarisch.

Am ersten Tag des Ramadan blieben die meisten Geschäfte geschlossen. Viele Taxis standen am Straßenrand und warteten auf Kundschaft.

Beim Vorbeigehen an den Moscheen hörten wir die Gebete der Männer. Über Lautsprecher wurden diese ins Freie übertragen, damit die Glaubensbrüder und -schwestern außerhalb der Moscheen die Worte hören und wiederholen konnten.

Die Männer trugen gemäß dem Vorbild Muhammed einfache weiße Gewänder: lange Hosen, langärmelige Hemden aus Baumwolle, flache Schuhe oder einfache Sandalen. Allah gab den Menschen Kleidung, um sich gegen Hitze und Kälte zu schützen sowie die intimen Körperteile zu bedecken, so die Überzeugung von muslimisch Gläubigen. Die Kleidung sollte sauber und einfach sein. Beim Beten trugen die Männer zudem eine spezielle Kopfbedeckung, genannt Kufi. Diese war aus Stoff genäht oder aus Garn gehäkelt. Frauen waren am ersten Tag des Ramadan in der Öffentlichkeit nur vereinzelt zu sehen.

Erstmals tönte kein lautes Hupen von den Straßen in den offenen Restaurantbereich des Hotels, dessen einzige Gäste wir an diesem Abend waren. Eine irritierende Stille. Auffallend war zudem, dass an diesem Tag die Kellner besonders freundlich zu uns waren, so als wollten sie eine gute Tat an uns verüben.

Rohes Fleisch ist sehr begehrt.

Dem Geruch von Tierblut und Fleisch war nicht zu entkommen.

Der South Park Street-Friedhof

Wir besuchten den South Park Street-Friedhof in der Park Street, die offiziell Mother Teresa Sarani hieß. Es war zeitweise sehr schwierig, sich in Kalkutta zurechtzufinden. Oftmals fehlten die Straßenbeschilderungen oder es waren noch alte Straßenbezeichnungen zu lesen. Verwirrend war zudem, dass die vielen Werbeplakate mit Straßennamen versehen waren.

Wir wollten den Friedhof in der South Park Street besuchen, den größten christlichen Friedhof des 19. Jahrhunderts außerhalb Europas und Nordamerikas, zugleich ein ausgewiesenes Kulturerbe.

Es dauerte eine Weile, bis wir den Eingang gefunden hatten. Zuvor fragten wir mehrere Personen, doch niemand schien unser Anliegen zu verstehen. Das erste Begräbnis auf dem Friedhof hatte 1767 stattgefunden, das letzte 1830. Damals war der Friedhof von den britischen Kolonialbesatzern auf einem Sumpfgelände errichtet worden, das zu jener Zeit noch einen Außenbezirk Kalkuttas dargestellt hatte. Am Eingang zum Friedhof mussten wir uns ausweisen, es wurde vermerkt, wann wir den Park betreten hatten.

Offiziell wurde der Friedhof 1790 geschlossen. Danach durften nur noch Verstorbene aus Indien und nicht mehr aus Europa beigesetzt werden. Diplomaten, Offiziere, Lehrer, Dichter, Politiker – sie alle fanden hier ihre letzte Ruhestätte.

Die imposanteste Grabstätte ist Sir William Jones gewidmet. Der britische Indologe und Jurist starb am 27. April 1794 in Kalkutta im Alter von 47 Jahren. Laut Überlieferungen konnte Sir Jones 13 Sprachen fließend und weitere 28 relativ gut sprechen. Einen hohen Bekanntheitsgrad erreichte er, der auch am Obersten Gericht in Kalkutta als Richter tätig gewesen war, vor allem durch seine Studien zur indogermanischen Sprachfamilie (New World Encyclopedia, o. J., o. S.).

Im Park hatten wir den Eindruck, dass es besonders schwül war. Wir hatten zwar erstmalig einen wirklich ruhigen Ort in Kalkutta betreten, jedoch war es durch die enorme Luftfeuchtigkeit und die Schwüle in hohem Maße anstrengend, dort zu verweilen. An Wolfgangs Blut labten sich mehrere Insekten, sie waren selbst durch die sonst gut wirksamen Schutzsprays nicht von ihrer Stechfreude abzubringen. Allesamt hinterließen sie beachtliche Schwellungen und schmerzhafte Einstiche.

Die Gräber weisen eine Stilmischung zwischen Gotik und indo-sarazenischem Stil auf. Letzterer ist eine Verschmelzung zwischen indischer und europäischer Architektur und weist eine besondere Ziegelkonstruktion auf.

Der South Park Friedhof.

Das Mutterhaus der Missionarinnen der Nächstenliebe

Das Haus war 1953 als Mutterhaus der Missionarinnen der Nächstenliebe deklariert und von den Ordensschwestern bezogen worden (Sammer, 2006, S. 123). Trotz einer Wegbeschreibung aus dem Internet hatten wir wegen fehlender Straßenbezeichnungen erneut Mühe, das Gebäude zu finden. Der Weg dorthin führte uns durch einige Straßen, die uns viele neue Eindrücke bescherten.

Wolfgang:

> Immer wieder begegneten uns Rikscha-Fahrer, die uns genau an diesem Tag fragend „Mother house?" zuriefen. Hatte es sich denn schon herumgesprochen, dass wir an diesem Tag dorthin wollten? Offensichtlich funktionierten die Kommunikationswege besser, als wir dies für möglich hielten.

Zur Mittagszeit erreichten wir zu Fuß das Mutterhaus der Missionarinnen der Nächstenliebe in der J. C. Bose Road: ein gepflegtes dreistöckiges graublau gestrichenes Gebäude mit braunen Fensterläden. Eine Ordensfrau kam auf uns zu und wies uns an, die Schuhe auszuziehen. Sie informierte uns darüber, welche Räumlichkeiten für die Besuchenden zugänglich waren. Vom Innenhof des Hauses aus führte eine Treppe zu jener Kammer, in der Mutter Teresa von 1950 bis 1997 gelebt hatte.

Mutter Teresas Zimmer liegt direkt über der Küche.

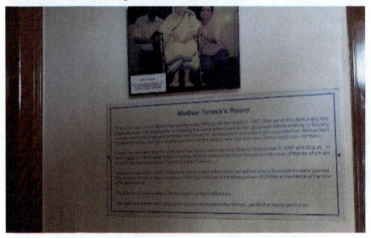
Das Foto über dem Text zeigt die Ordensgründerin im Rollstuhl sitzend und in Gesellschaft von Freunden. Diese Aufnahme wurde am Morgen ihres Todestages gemacht.

Der Blick in jenen Raum, in dem Mutter Teresa viel Zeit verbracht hatte, wo sie gebetet, Besprechungen abgehalten und ihre Schwestern empfangen hatte, brachte uns das Leben dieser Persönlichkeit in besonderer Weise nahe. Hierin hatte sie auch jene

Briefe an Gott geschrieben, in denen sie das Gefühl von Gottverlassenheit und ihr Ringen um den Glauben an Gott zum Ausdruck brachte. Wenige Meter vor ihrem Totenbett zu stehen, löste in uns Ehrfurcht und Demut vor ihrem Wirken aus.

Blick in die Kammer von Mutter Teresa und auf ihren Schreibtisch.

Auf einer Tafel neben ihrer Kammer stand geschrieben:

> Mother Teresa's room. This is the room where mother worked from the 1950's until her death in 1997. She sat at this desk every day when she was at Motherhouse, answering the many letters sent to her. Business letters relating to Society matters where sorted and places in the mail boxes for distribution to the sisters who assisted her. Mother held council meetings, took phone calls and met with the sisters here – her door was always kept open for them. It was from this room and from this bed that Mother went home to God on September 5, 1997 at 9:30 am. In her struggle to breath just before she died, Mother looked intently at the cross and crown of thorns with are beneath the framed picture of the Holy Face of Jesus. The world map and the map of India served to help Mother show her sisters where foundations were opened. The handwritten chart list the names of the foundations of the Missionaries of Charity in existence at the time of Mother's death. The wooden cabinet is where Mother kept important office files. This room was extremely hot because of it's location above the kitchen, yet Mother never used a fan.

Deutsche Übersetzung von Sabine und Wolfgang:

> Mutter Teresas Raum. Das ist der Raum, in dem sie von 1950 bis zu ihrem Tod 1997 arbeitete. Wenn sie im Mutterhaus war, saß sie jeden Tag vor diesem Tisch, um die vielen Briefe zu beantworten. Sie sortierte die Post, wobei sie Geschäftsbriefe und Briefe, die soziale Probleme zum Inhalt hatten, in einer Schachtel aufbewahrte, um diese anschließend an die Ordensschwestern zu verteilen. Mutter Teresa hielt hier Konferenzen, führte Telefonate und traf sich mit den Schwestern – ihre Tür stand für sie immer offen. In diesem Raum und in diesem Bett ging sie am 5. September 1997 um 09:30 Uhr nach Hause zu Gott. Während des Todeskampfes, kurz bevor sie starb, blickte sie konzentriert auf das Kreuz und auf die Dornenkrone. Die Weltkarte und die indische Landkarte zeigten Mutter Teresas Ordensgründungen. Handschriftlich notierte sie die Namen der einzelnen Niederlassungen des Ordens bis zum Zeitpunkt ihres

Ablebens. In einem Holzschrank bewahrte sie wichtige Dokumente auf. Der Raum war extrem heiß, weil er direkt über der Küche lag. Dennoch benutzte sie niemals einen Ventilator.

Die Kapelle des Mutterhauses der Missionarinnen der Nächstenliebe.

Mutter Teresa wurde gemäß ihrem Wunsch auf dem Gelände des von ihr gegründeten Klosters der Missionarinnen der Nächstenliebe in Kalkutta beigesetzt.

„Liebt einander, so wie ich euch geliebt habe", Joh. 15, 12 (BibleServer EU, 2020, o. S.), so die Aufschrift auf der letzten Ruhestätte von Mutter Teresa.

Besuch des Kalighat-Tempels

Den ersten Eindruck vom Hospizgebäude Nirmal Hriday konnten wir nur einen Moment lang auf uns wirken lassen. Gleich nach unserer Ankunft begrüßten uns zwei Männer freundlich und luden zum Besuch des nahen bedeutsamen bengalischen Kalighat-Tempels ein. Durch ausladende Handgesten zeigten sie uns den Weg dorthin. Der 1809 errichtete Tempel war nicht zu übersehen, da er direkt an Nirmal Hriday angrenzte. Weil die Pforte des Hospizes um 15:00 Uhr öffnete und es erst 14:30 Uhr war, entschieden wir uns für den Tempelbesuch und folgten den Männern.

Der Kalighat-Tempel mit seinen gebogenen Dächern.

Ein überaus freundlicher, redseliger Mann nahm uns in Empfang und wies Sabine an, im Tempel nicht zu fotografieren. Nachdem wir durch eine Art Schleuse geführt worden waren, sollten wir unsere Schuhe ausziehen. Ein „Tempelführer" nahm sich unser an, um uns zu den berühmten Kultstätten zu führen. Als wiederum einzige Touristen sahen wir in dieser Situation gar keine andere Wahl, als uns ihm anzuschließen. Keinesfalls wollten wir unbedacht einen religiösen Brauch missachten oder gar brechen. Der Tempelführer erkundigte sich nach unseren Vornamen. Dann versah er unsere Stirn mit einem Punkt aus rotem Pulver, um deutlich zu machen, dass wir unter dem Schutz der Tempelgottheit standen. Unsere Stirn berührte er auch mit einer Handvoll Hibiskusblüten, die er uns anschließend mit einem Päckchen Räucherstäbchen in die Hände legte. Somit waren uns „die Hände gebunden." Sabine: „Von dieser Zeremonie war ich sehr angetan." Wolfgang: „Mir war klar, dass er letztlich eines von uns wollte: Geld." Wir passierten verschiedene Stationen in diesem Tempel. Das „Allerheiligste" durften wir nicht sehen. Hingegen wurde uns ein Raum gezeigt, hinter dem es sich angeblich befand. Wir mussten feststellen, dass wir lediglich in einen dunklen vergitterten Raum mit teils für uns undefinierbaren, teils kaputten Gegenständen blickten. Im „Tempelraum" befand sich auf dem Boden ein Sand-Schlamm-Gemisch mit entflammten Räucherstäbchen, und daneben ein Wasserrinnsal. Ein Mann benetzte seine Stirn mit Wasser und bestrich Gesicht und Oberkörper mit Schlamm. Danach wurden wir zu einem „heiligen Baum" geführt. Frauen sollten vor diesem nach der Geburt eines Kindes für dessen Gesundheit und für ein langes Leben beten.

Wolfgang:

Weil Sabine die Schwüle zu schaffen machte, ließ sie sich auf einem Stein nieder, um auszuruhen. Währenddessen führten sie mich zu einem großen Buch. Die Blüten und das Räucherstäbchen sollte ich ablegen. Eine Buchseite war in zwei Spalten unterteilt. In die linke Spalte sollte ich meinen Namen schreiben, in die rechte wurde ein Geldbetrag, „Bakschisch" genannt, eingetragen. Angeblich würde jeder Besuchende 2.000 Rupien spenden, so der Tempelführer. Ich gab ihm 1.000 Rupien und sagte, dass dies die Spende von uns beiden sei und wir nicht mehr Geld bei uns hätten. Der Inder erwiderte: „Nein, bei den 1.000 Rupien steht nur dein Name." Danach schickte er mich weg und führte Sabine zum Buch. Auf dem Weg dorthin flüsterte ich ihr ins Ohr: „Hier geht`s nur ums Geschäft." Auch bei Sabine versuchte der Tempelführer, Geld einzutreiben. Ich trat hinzu und bekräftigte erneut, dass dieser Betrag für uns beide gelte. Der Mann akzeptierte zwar, war jedoch sichtlich unzufrieden mit der gespendeten Summe. Zu einem anderen Mann sagte er: „1.000 together", was von diesem Mann wiederum niedergeschrieben wurde. Vor dem Tempelraum stand ein Soldat, der ein Gewehr schussbereit in den Händen hielt. Ich war besorgt, wie Sabine diese Situation, in der es ihr gerade körperlich nicht gut ging, aufnehmen würde. Insgesamt hatte ich ein mieses Gefühl in diesem *heiligen Tempel*.

Danach zogen wir unsere Schuhe wieder an und verließen die heilige Stätte. Wir nahmen auf einer Bank auf dem Vorplatz zum Tempel Platz, um das Erlebte zu besprechen. Rückblickend gewannen wir leider den Eindruck, dass vom Ausstieg aus dem Taxi an unser Besuch im Tempel inszeniert war und einem klaren Ablauf folgte. Wir waren leicht zum Tempelbesuch zu überreden gewesen, hatten wir doch noch unter dem Eindruck gestanden, endlich an unserem ersehnten Zielort, dem Hospiz von Mutter Teresa, gewesen zu sein, und andererseits hatte insbesondere Sabines Blauäugigkeit einen realen Blick auf die Situation verhindert. Wir waren enttäuscht, weil man unseren Respekt vor den religiösen Bräuchen und die Bereitschaft, uns darauf einzulassen, offensichtlich ausgenutzt hatte. Wir fühlten Traurigkeit, weil die Bedeutung dieser religiösen Stätte, die sie für die Mehrzahl der Tempelbesuchenden gewiss darstellte, zulasten der Geschäftemacherei entwürdigt wurde. Uns zu segnen, um danach Geld zu verlangen, ließ all die Rituale nicht mehr authentisch erscheinen.

Auf dem Platz vor dem Tempel werden z. B. Bilder von Göttern und Hibiskusblüten verkauft.

Volontariat in Nirmala Shishu Bhavan

KRANKENAMBULANZ

Gemeinsam mit Volontär*innen aus verschiedenen Ländern begann unser Einsatz im Kinderheim „Nirmala Shishu Bhavan – the Childrens Home of the Immuculate Heart" um 08:00 Uhr morgens. Mutter Teresa hatte sich entschieden gegen Empfängnisverhütung und Abtreibung ausgesprochen. Ein Schwangerschaftsabbruch würde nicht nur ein Kind, sondern auch das Gewissen eines Menschen zerstören. Stattdessen liege der Auftrag darin, für Kinder, die kein Zuhause hatten, Pflegeeltern zu suchen. Das Heim wurde 1955 gegründet und war das erste Kinderheim der Missionarinnen der Nächstenliebe (Sammer, 2006, S. 123). An das Kinderheim war eine Krankenambulanz angeschlossen, in der wir mitwirken durften. Die Freiwilligen wurden in verschiedensprachige Gruppen eingeteilt und im fensterlosen Innenhof des Gebäudes in die Arbeit eingeführt. Unmittelbar daneben dröhnte der Verkehr, weshalb es dort sehr laut war. Eine Ordensschwester gab einige detaillierte Informationen, etwa dass das Haus jeweils an Donnerstagen und Sonntagen geschlossen sei, weil dies die Gebetstage der Schwestern waren. An festgesetzten Wochentagen wurden bestimmte Krankheitsgruppen betreut, etwa Patient*innen mit kardiologischen Problemen an einem Montag, neurologisch Erkrankte an einem Dienstag und Kranke mit internistischen Themen an einem Mittwoch. Es wurde auf einige erfahrene Volontärinnen und Volontäre verwiesen, sollten während der Arbeit weitere Fragen auftreten. Ebenso waren zwei Nonnen anwesend, die ebenso zu Hilfe gezogen werden konnten.

Volontärinnen und Volontäre und deren Motivation

Einige der Volontariat Ausübenden kamen Jahr für Jahr, um gemeinsam mit den Missionarinnen der Nächstenliebe den Menschen in Kalkutta beizustehen: den Waisenkindern, den Kranken, den Ausgestoßenen und den Sterbenden. Viele wollten auf diesem Weg aus der eigenen Komfortzone ausbrechen, um das Leben wieder mehr in einer Haltung der Zufriedenheit und Dankbarkeit wahrnehmen zu können. Andere waren Indienreisende und verweilten eine Woche oder mehrere Wochen in Kalkutta, um dort den Hilfebedürftigen beizustehen. Für die Helfenden war um 10:00 Uhr „Break time"; es gab Kekse und Tee.

Medikamentenausgabe

Unsere Aufgabe bestand darin, Medikamente nach ärztlicher Verschreibung in Papiertüten zu verpacken, die danach den wartenden Patient*innen ausgehändigt wurden. Schwester Andrea, eine in Deutschland gebürtige Ordensfrau, freute sich über die Begegnung mit uns. Wir drei genossen es, uns einige Minuten in unserer Muttersprache unterhalten zu können. Sie sprach über häufig auftretende Symptome der auf der Straße lebenden Menschen und äußerte besorgt: „Im letzten Jahr waren vor all den anderen Erkrankungen vor allem die Fiebererkrankungen unklarer Ursache ein großes Problem."

Disziplinierte Patient*innen

Der Wartebereich der Ambulanz war mit vielen hilfebedürftigen Menschen gefüllt, um das sich ein Team aus hoch motivierten, jedoch ungeschulten Helfenden bemühte. Menschen mit den unterschiedlichsten Krankheitsbildern suchten die Ambulanz auf. Überwiegend Frauen, aber auch Männer und Kinder, davon viele Menschen mit Wunden, wurden in verschiedenen Arbeitsbereichen behandelt. An einem Vormittag suchten zumeist etwa 60 Menschen die Ambulanz auf. Obwohl aufgrund des beginnenden Ramadan nur 20 bis 30 Patient*innen erwartet wurden, kamen doch auch an diesem Tag etwa 60 Personen. Die Leute warteten sehr geduldig und diszipliniert. Sie schienen großes Vertrauen zu haben, dass man ihnen hier helfen und ihnen das richtige Medikament geben würde.

Die Medikamentenausgabe birgt eine Fülle an Risiken

Vor allem an Diabetes erkrankte Personen erhielten ihre Medikamente, aber auch Herz-, Nieren- und Leberpräparate wurden ausgegeben. Es gab mehrere große Plastikbehälter mit Schraubverschlüssen, in denen sich diverse Medikamente befanden. Die Behälter waren jeweils mit einem Krankheitssymptom beschriftet, beispielsweise „Fieber", „Durchfall", „Schwindel" oder „Schmerz". Unter dem Symptom war der Wirkstoff der Arznei notiert, so stand z. B. unter dem Symptom Schmerz die Wirkstoffbezeichnung „Paracetamol". In den jeweiligen Behältern befanden sich Blister mit Kau- oder Lutschtabletten und Kapseln unterschiedlicher Konzentration des angegebenen Wirkstoffs. Es war für uns nicht einfach, die entsprechenden Medikamente, wie von den Ärzt*innen angeordnet, zu finden, denn es gab Medikamente mit demselben oder einem ähnlichen Wirkstoff, jedoch von unterschiedlichen pharmazeutischen Firmen. Beispielsweise war das Präparat „Glucophage®" nur unter dem Synonym „Metformin®" zu finden. Überdies befanden sich in einem Behälter zwar Medikamente mit demselben Wirkstoffgemisch, jedoch in unterschiedlichen Konzentrationen. Ein Beispiel: ein bestimmtes Antidiabetikum war in den Wirkstoffkonzentrationen von 20 mg, 40 mg und 60 mg erhältlich. Helfende, die nicht aus dem medizinischen Bereich stammten und über kein fundiertes Wissen bzgl. Arzneien und deren Neben- und Wechselwirkungen verfügten, konnten die Risiken für die Patient*innen, die durch die Gabe eines dreimal so stark wirksamen Antidiabetikums entstanden, gar nicht abschätzen. Auch jene Freiwilligen, die sich beispielsweise in der Ausbildung zum Krankenpflegefachdienst befanden, verfügten noch über gefährliche Wissensdefizite und agierten überwiegend intuitiv und nach Rücksprache mit anderen ebenfalls nicht ausgebildeten Volontär*innen. Dennoch wurden von ihnen Medikamente mit einem breiten Nebenwirkungsspektrum an Schwerkranke ausgegeben. Zudem gab es sprachliche Barrieren. Die handschriftlichen Anordnungen der Medizinerinnen und Mediziner waren für uns Freiwillige nicht immer gut lesbar. Ausgegeben wurden die Medikamente für jeweils 30 Tage. Alte Tablettenschachteln, der Aufdruck wurde durchgestrichen, dienten als Transportbehälter für die auszugebenden Arzneien. Eine allgemein verständliche Zeichenerklärung diente als Anweisung, ob eine Arznei am Morgen, zu Mittag oder am Abend einzunehmen war. Ein „X" bedeutete, „kein Medikament nehmen", ein „O" stand für die Tabletteneinnahme, „X – X – O" bedeutete, dass nur abends eine Einnahme erfolgen durfte. Zwei Hindi sprechende Novizinnen erklärten den Hilfesuchenden die Medikamenteneinnahme, nachdem sie zuvor nochmals kontrolliert hatten, ob der Inhalt der Schachteln mit der Arztanordnung übereinstimmte.

Diese Kontrolle war jedoch unzureichend, da beispielsweise nicht auf die Konzentration eines Wirkstoffs geachtet wurde.

Resümee

Für Laien wie auch für Fachkräfte war die Suche nach dem richtigen Medikament ein schwieriges Unterfangen, und bald stellte sich heraus, dass die Vergabe der Arzneimittel ein erhebliches Risiko beinhaltete: dass das falsche Medikament in einer viel zu hohen Konzentration an die Erkrankten ausgegeben wurde. Die Anordnung der Medikamente oder eine Blutzuckerkontrolle lagen manchmal wochenlang zurück. Antidiabetika wurden auch ohne vorherige Blutzuckerkontrolle abgegeben. Viele sonstige bedeutsame Aspekte, etwa der Blick auf das Ablaufdatum eines Medikamentes und die längst überfällige und fachgerechte Entsorgung desselben, wurden gar nicht beachtet. Manche Arzneien überschritten das Ablaufdatum um mehrere Jahre. Dennoch wurde jedes Medikament gebraucht und ausgegeben.

WUNDVERSORGUNG

Wolfgang:

Ich wurde gemeinsam mit drei Chinesisch sprechenden Krankenpflegeschülerinnen dem Bereich der Wundversorgung zugeteilt. Menschen mit oberflächlichen und tiefen, kleinen und großflächigen, trockenen, sezernierenden, eitrigen und blutigen sowie überwiegend septischen Wunden benötigten Hilfe. Diabetisches Gangrän, verschiedene Formen von Lepra sowie infiltrierend wachsende Hauttumore, etwa Basaliome, waren hauptsächliche Krankheitsbilder. Metallbehälter, so wie sie im vergangenen Jahrhundert verwendet wurden, kamen zum Einsatz. Eine Volontärin, die erst zwei Tage in diesem Bereich gearbeitet hatte, war für die Einschulung der neuen Freiwilligen verantwortlich, obwohl sie dies gar nicht wollte.

Sabine:

Die Zuteilung der Volontärinnen und Volontäre zu den einzelnen Gruppen war fragwürdig, weil weder die Profession noch die persönliche Eignung berücksichtigt wurde. Als diplomierte und berufserfahrene Gesundheits- und Krankenpflegeperson hätte ich die durchweg komplexen Wundsituationen besser einschätzen und unter den bestehenden Voraussetzungen dennoch kompetent versorgen können. Auch das Risiko der Keimübertragung wäre durch entsprechendes hygienisches Vorgehen bedeutend geringer gewesen. Trotz der mangelnden materiellen Ressourcen hätte es noch viele Möglichkeiten gegeben, den Schutz der Helfenden vor Ansteckung und den der Patient*innen vor Sekundärinfektionen und anderen Behandlungsfehlern zu erhöhen.

Fragwürdige Wundversorgung – gefährlich für Patient*innen und Freiwillige

Bei der Wunderversorgung lag dieselbe Problematik vor wie im Bereich der Medikamentenausgabe. Es gab eine Vielzahl von Verbandmaterialien, Wundauflagen und Salben, deren korrekte Anwendung und Wirkung von den Freiwilligen jedoch nur intuitiv erfolgte. Obwohl es sich überwiegend um infizierte Wunden handelte, von ihnen war auszugehen, dass sie hochgradig ansteckend waren, standen nur Instrumente zur Verfügung, die in einer nach Alkohol riechenden Lösung aufbereitet wurden. Alle kontaminierten Scheren, Pinzetten und Klemmen wurden in diese Lösung gelegt und bei der nächsten Patientin/dem nächsten Patienten wiederverwendet. Die Einwirkzeit des Desinfektionsmittels zur Abtötung von Keimen war nicht bekannt, weshalb die Instrumentendesinfektion nach Gutdünken erfolgte. Welche Lösungen zur Wundreinigung und welche medizinischen Produkte zur Wundversorgung verwendet wurden, wurde nicht dokumentiert, weshalb die Helfenden jene verwendeten, die ihnen als die wirksamste erschien. Die Wahrscheinlichkeit war hoch, dass durch einen Besuch in der Wundversorgungsambulanz die Wunden mit zusätzlichen Keimen besiedelt wurden. Die seinerzeitige Kritik an Mutter Teresa, dass sie sehr viele ungeschulte Freiwillige beschäftigte, schien uns nachvollziehbar. Es war zwar eine Versorgung mit medizinischen und pflegerischen Produkten vorhanden, jedoch war diese äußerst fragwürdig organisiert.

Kleine Veränderungen würden viele Risiken ausschließen

Manches hätte schon durch einen geringen Aufwand effizienter und sicherer gestaltet werden können. Beispielsweise hätte eine Liste mit medizinischen Präparaten und deren Wirkstoffe weniger oft dazu beigetragen, dass falsche Medikamente an die Patient*innen ausgeteilt werden. Ein Wasserkocher sollte zum Auskochen der chirurgischen Instrumente wie Pinzetten, Scheren und Klemmen zum hygienischen Mindeststandard für eine risikofreie Wundversorgung gehören. Zudem müssten zum Selbstschutz vor Ansteckung wenigstens ein Händedesinfektionsmittel sowie Latexhandschuhe in drei Größen als Mindestausrüstung für die Helfenden in der Wundversorgung zur Verfügung stehen. Wolfgang, der Laie auf dem medizinisch-pflegerischen Gebiet war, wurde der Wundversorgung zugeteilt.

Wolfgang:

> Ich freute mich tatsächlich darüber, dass ich dieser Abteilung zugeteilt worden war. Ich hatte mir eine halbwegs gute Einschulung erhofft, die jedoch nicht erfolgte. So versuchte ich, mich bestmöglich nach den Regeln des Hausverstandes und anhand von Sabines Erklärungen vom Vortag vor Ansteckung zu schützen. Es gab jedoch keine Handschuhe in meiner Größe „L", und so verbrachte ich einen Großteil meiner Zeit damit, mir die viel zu kleinen Handschuhe überzuziehen. Die meisten zerrissen bei diesem Versuch wohl auch deswegen, weil deren Ablaufdatum längst überschritten und das Material brüchig war. Ich fand es beschämend, dass die ersten zu versorgenden Patient*innen den Volontär*innen zu erklären versuchten, welche Mittel und welche Salben wie zu verwenden seien. Ich bewunderte die Haltung der Menschen, die trotz ihrer schweren Erkrankungen wie Lepra und anderen exulzerierenden Tumoren und Wunden, die offensichtlich unprofessionelle Behandlung durch die Freiwilligen ohne Jammern, stets geduldig, über sich ergehen ließen. Etwa 15 Personen wurden im Laufe des Vormittages in dieser Abteilung versorgt. Dokumentiert wurden nur ihr Name und der Wohnort, nicht die Art der Behandlung. Am meisten berührt war ich von der Wundversorgung eines etwa 30-jährigen Mannes. Dieser hatte tiefe Schnittwunden an den Innenseiten seiner Unterarme. Auf

meine Frage: „What happend?", sagte er: „My mommy and my daddy died on June 28th. I'm so upset, I cut myself." Es war sogleich spürbar, dass es ihm ein Anliegen war, über sein Erleben und Empfinden zu sprechen. Dies war für ihn viel wichtiger als die Versorgung der Wunden. Ich erkundigte mich nach seinem Beruf und er erzählte, dass er in den letzten Jahren professionell bei einem Verein in Kalkutta Fußball gespielt habe. In diesem Jahr aber nicht, da er keinen Vertrag bekommen habe. Somit unterhielten wir uns über das Thema Fußball. Es war gleich so eine Freude bei ihm spürbar. Bei diesem Gespräch, nicht so in den ersten Minuten der Wundversorgung, hob er den Kopf und Blickkontakt war möglich. Ich hoffte, dass diese kurze Begegnung für ihn hilfreich war und dass ich ihn in meinem nächsten Dienst wiedersehen würde, was leider nicht der Fall war.

Sabine arbeitete im Bereich der Medikamentenausgabe. Die einzelnen Frauen wurden gemäß den Nummerntafeln, das waren kleine Pappkartons, die sie beim Betreten der Ambulanz bekamen, der Reihe nach aufgerufen.

Sabine:

Meine Aufgabe bestand darin, anhand der Schilderungen von Frauen über ihr Beschwerdebild sowohl die entsprechenden Medikamente als auch die Dosierung, Konzentration und Dauer der Medikamenteneinnahme zu bestimmen. Wir wurden darauf hingewiesen, dass alle vorhandenen Medikamente täglich und über sieben Tage hinweg, wenige bestimmte Präparate entweder ein- bzw. zweimal je Tag, einzunehmen seien. Unser kleines Team bestand aus einer indischen und somit Hindi-sprechenden Novizin, einer Volontärin aus der Steiermark und mir. Einige Medikamentenboxen standen bereit, ebenso ein Stethoskop. Eine Dame kam, nahm Platz und schilderte der Novizin ihre Beschwerden. Hauptsächliche Symptome waren Glieder- und Gelenkschmerzen, smogbedingte Atembeschwerden, Magen- und Bauchschmerzen aufgrund von Verstopfung, Fieber, Brennen beim Harnlassen, Schwäche und Schwindel. Letzteres Symptom war das meistgenannte. Die Novizin übersetzte die Ausführungen der Erkrankten in die englische Sprache. Angenehm war, dass wir Freiwilligen uns für jede Frau ausreichend Zeit nehmen konnten. Eine Herausforderung lag gewiss darin, dass nicht nur anhand der Symptome Medikamente verabreicht wurden, sondern auch auf Basis möglicher Krankheits-Ätiologien, was ein gezieltes Nachfragen erforderlich machte. Dies war mehr oder weniger gut möglich, je nachdem, welche Fach- und Sprachkenntnisse bei den Freiwilligen vorhanden waren. Ein Laie behandelte eine Schwellung mit einer abschwellenden Salbe, so diese vorhanden war, also symptomatisch. Beim Betasten der Schwellung blieb jedoch eine Delle zurück, was auf eine Herzinsuffizienz hinwies und eine kardiologische Begutachtung erforderlich gemacht hätte. Die meisten Frauen waren untergewichtig und litten ohnehin schon an Magen- und/oder Darmschleimhautentzündungen. Abführende Mittel, darunter stark wirksame Laxantien, wurden ebenso zur täglichen Einnahme ausgegeben. Die Novizin war erstaunt und dankbar über die für sie neue Information, als ich ihr erklärte, dass bei einsetzendem und weichem Stuhlgang die weitere und mehrtägige Einnahme eines Laxans nicht mehr sinnvoll sei. Ich versuchte, nicht nur Medikamente auszuteilen, sondern auch Hinweise bezüglich der Ernährungs- und Lebensweise zu geben. So aßen die meisten der Damen mit Stuhlverstopfung mehrere Bananen täglich und tranken höchstens einen halben Liter innerhalb von 24 Stunden. Ich verwies auf das vermehrte Essen von Papayas und den Verzicht von Zitrusfrüchten, auf das Trinken von Tee statt Kaffee, auf das Einspeicheln von Nahrung durch längeres Kauen sowie auf die Selbstmassage des Dickdarms zur Anregung der Darmtätigkeit. Der massive Schwindel sowie die Müdigkeit dürften vor allem auf Vitamin- und Mineralstoffmangel zurückzuführen gewesen sein. Zubereitungsarten wie Kochen über dem Kohlenfeuer und in Fett ausgebackene Speisen waren wohl für die Magenprobleme hauptverantwortlich. Der Hautzustand der Frauen war durchweg trocken und schuppig, weshalb sie starken Juckreiz verspürten. Auch die Skleren (Lederhaut der Augen) waren gelblich verfärbt. Hauptsächliche Gründe hierfür dürften Flüssigkeitsmangel sowie Bilirubin-Ablagerungen in Haut und Schleimhäuten gewesen sein. Anstatt Medikamente gegen Juckreiz zu verabreichen, versuchte ich überdies, zum Eincremen der Haut mit Senföl zu motivieren. Jene Nahrungsmittel, die nach einer kurzen Anamnese meines Erachtens den Leberstoffwechsel belasteten, sollten die Frauen meiden. Die Frauen wirkten sehr leidend und es rührte mich zutiefst, weil sie so sehr über ihr Leid klagten. Sie wiesen auf ein bereits geschildertes Symptom immer wieder hin. Manche nahmen mich am Arm, damit ich ihnen zuhörte, obwohl wir nicht dieselbe Sprache sprachen. Einige wenige Frauen suchten schon aus den Wartereihen heraus Blickkontakt zu mir und lächelten mich an. Die Novizin erzählte, dass manche der Frauen immer wieder in die Ambulanz kommen würden, einfach nur, um reden zu können. Eine Dame setzte sich hin und begann bitterlich zu weinen, denn ihr Mann war verstorben. Ich holte eine Fettsalbe und cremte ihre Arme und Hände ein. Auf diese Weise, indem ich ihre trockene Haut nebenbei pflegte, konnte ich ihr liebevolle Berührungen, mein seelisches Bei-ihr-Sein und Gehör für ihre Klage schenken. Sie nahm alles dankbar an. Einige Frauen konnten wenige Worte Englisch. Die meist gehörten Worte waren: „Thank you, thank you." Nahezu alle diese Frauen würde man in Österreich sofort in stationäre und mehrwöchige Behandlung übernehmen.

In der Ambulanz erfolgte eine grundlegend notwendige Versorgung mit den allernötigsten Medikamenten. Die Menschen suchten vorzugsweise die Ambulanz auf, da sie im Krankenhaus und auch in Arztpraxen die Medikamente selbst bezahlen müssten und ihr Geld dafür nicht ausreichte. Alle Patient*innen durften sich nach dem Ambulanzbesuch ein Säckchen Milchpulver und eine Packung Kekse mit nach Hause nehmen, wofür sie sich zutiefst dankbar erwiesen.

WAISENHAUS

Sabine:

Ich wurde zum Dienst bei den Kindern eingeteilt. Zu Lebzeiten Mutter Teresas wurden im Waisenhaus „Nirmala Shisu Bhavan, the Children's Home of the Immaculate Heart", täglich bis zu 500 obdachlose Menschen mit einer warmen Mahlzeit versorgt (Koller, 2010, Minute 10). Gemeinsam mit zehn anderen Volontärinnen wurde ich in den ersten Stock des Waisenhauses geführt, in dem nur Frauen arbeiten durften, denn „Kinderpflege sei Frauenarbeit", so die Aussage der Schwestern. Wir wurden angehalten, die Schuhe auszuziehen. Auf Sauberkeit wurde großer Wert gelegt. Etwa 60 Kinder im Alter zwischen 2 bis 12 Jahren waren in diesem Haus untergebracht. Die Mehrzahl von ihnen war an der Pforte des Hauses anonym abgegeben worden, andere waren an Bushaltestellen abgelegt worden und hatten das Glück gehabt, von Vorbeigehenden oder Ordensfrauen gefunden zu werden. Etwa ⅔ der Heranwachsenden waren Mädchen. Gab es in einer kinderreichen Familie zu viele weibliche Nachkommen, kam es nicht selten vor, dass diese in das Waisenhaus gebracht wurden. Die Mädchen mussten täglich mit dem Notwendigen versorgt werden, und das mit der Aussicht, dass sie später zu wenig oder nicht zum Familieneinkommen beitragen würden. Dies erklärte, weshalb die meisten Mädchen in Nirmala Shisu Bhavan gesund waren, nicht so die Buben. Deren Bedeutung war für das Überleben der Familien hoch, weshalb sie nur dann die Familie verlassen mussten, wenn sie geistig und/oder körperlich beeinträchtigt waren und die Familie dadurch existenziell bedroht war.

Der Bereich der Kinder war liebevoll gestaltet. Luftballons hingen an der Decke, die Wände zierten Kinderzeichnungen, es gab Vorhänge mit kindlichen Motiven. Im Schlafsaal war ein Gitterbett dicht neben dem nächsten gereiht. In manchen Betten lagen zwei Kinder.

Alle Schlafstätten hatten dieselbe Länge von nur etwa einem Meter, weshalb die größeren Kinder nur mit angewinkelten Beinen darin Platz fanden. Die Bettwäsche war sauber. Alle Kinder trugen Einheitskleidung aus blaugrau kariertem Stoff und dazu passenden dunkelblauen Schleifen um den Hals, was die Geschlechterunterscheidung erschwerte. In der Raummitte standen am Boden ausrangierte Autositze mit Gurten. Darin wurden insbesondere jene Kinder, die geistig beeinträchtigt und motorisch sehr unruhig waren, fixiert, und somit vor Verletzungen geschützt.

Die Körperpflege der Kinder erfolgte bereits um 04:00 Uhr früh durch die Schwestern, wobei sie der Reihe nach unter fließend Wasser gehalten und gewaschen, von einer anderen Nonne getrocknet, und von einer weiteren Schwester angekleidet wurden.

Der Tag begann damit, dass alle Schwestern und Volontärinnen mit den Kindern im Kreis auf dem Boden saßen und mit ihnen Lieder sangen. Viele mir bekannte Kinderlieder, beispielsweise „Alle Vögel sind schon da" oder „Alle meine Entchen", wurden in der Landessprache gesungen. Die Kinder hatten eine Riesenfreude. Wir bewegten uns zum Rhythmus und klatschten in die Hände. Besonders rührend empfand ich jenes Lied, in dem in jeder Strophe der Name eines Kindes gesungen und mit den Worten „X (Name) is wonderful" geehrt wurde. Auch die geistig beeinträchtigten Kinder schienen sehnsüchtig darauf zu warten, dass endlich ihr Name an die Reihe kam. Dann rissen sie Mund und Augen weit auf, jubelten und klatschten vor Begeisterung in die Hände, so weit ihnen dies krankheitsbedingt möglich war. Einige Kinder waren jedoch sehr still und konnten selbstständig ihre Körperposition nicht verändern. Nach dem gemeinsamen Singen ertönten den ganzen Vormittag hindurch in hoher Lautstärke Schlaf- und Weihnachtslieder wie „Guter Mond du gehst zur Stille", „Morgen kommt der Weihnachtsmann" usw. Weihnachtsmusik mitten im heißen August.

Ich saß neben Judith, einer Volontärin aus Frankreich, die damit beschäftigt war, einem äußerst unruhigen und um sich schlagenden Kind Brei zu verabreichen. Judith war erstmals 2010 als Volontärin im Waisenhaus tätig gewesen. Damals wollte sie ein Kind adoptieren, weil sie jedoch unverheiratet war, wurde die Adoptionseignungsbefähigung verwehrt, was für Judith eine herbe Enttäuschung war. Das offizielle Adoptionsverfahren dauerte in Indien in der Regel mehrere Jahre. Bis 2015 halfen die Mutter-Teresa-Schwestern Paaren, Kinder zu adoptieren. Der Vatikan unterwies den Orden, sich daraus zurückzuziehen, nachdem die indische Regierung homosexuelle Paare, Geschiedene und Alleinstehende für die Adoption von Waisenkindern zugelassen hatte. Illegale Adoptionen sind in Indien ein großes Geschäft (Buck, 2018, o. S.).

Die kleine Mao

Wir Freiwilligen durften ein Kind auswählen und dieses den Vormittag über betreuen. Ich wählte die kleine Mao, ein sehr zartes Mädchen, das ganz ruhig in ihrem Gitterbettchen lag. Ihre großen dicht bewimperten und weit geöffneten Augen blickten unentwegt zur Zimmerdecke. Zunächst versuchte ich, durch Anrede Kontakt mit meiner kleinen Schutzbefohlenen aufzunehmen. Mao war es nicht möglich, den Kopf gezielt zu bewegen und mir mit dem Blick zu folgen. Um ihr zur Anbahnung unserer Beziehung genügend Zeit zu geben, summte ich ihr leise ein Segenslied ins Ohr, hoffend, dass sie sich dadurch entspannen konnte. Während ich die Melodie summte, streckte sie die Zunge aus dem Mund und beleckte damit unentwegt ihre Lippen. Ich tränkte ein Stückchen Baumwolltuch in kühlen Orangensaft und beträufelte ihre Lippen damit, woraufhin sich das liebe Mädchen mir körperlich etwas zuwandte. Ich strich jeden einzelnen ihrer Finger, den Handrücken und die Handinnenfläche, die Arme entlang, um meine Hand schließlich auf ihrem Bäuchlein ruhen zu lassen. Mao war ein außergewöhnlich hübsches Mädchen. Ich drehte sie zur Seite und bemerkte, dass sie keinerlei Muskeltonus im Bereich des Rumpfes und der oberen Gliedmaßen hatte, weshalb es ihr nicht möglich war, allein zu sitzen. Auf die Frage, welche Krankheit Mao habe, antwortete eine Novizin: „Oh, she is well" (sie ist gesund), was mir unglaubwürdig erschien. Meiner Einschätzung nach war Mao noch kein Jahr alt. Später erfuhr ich, dass sie bereits drei oder vier Jahre alt war, ihr genaues Alter war nicht bekannt. Sie war kleinwüchsig und litt höchstwahrscheinlich an einer muskeldystrophen Erkrankung. Möglicherweise war sie auch geistig beeinträchtigt, doch eine genaue Krankheitsdiagnose gab es nicht. Lediglich ein Strampeln war ihr ansatzweise möglich. Dennoch machte sie einen zufriedenen Eindruck. Nachdem wir einander kennenlernen und uns etwas aneinander gewöhnen durften, wickelte ich Mao, salbte ihren Körper und kleidete sie an. Sie ließ alle Maßnahmen geduldig über sich ergehen. Eine andere Ordensschwester vergewisserte sich, ob ich denn wirklich mit Mao meine Zeit verbringen wolle, denn: „Mao is difficult, she eats less" (Mao ist schwierig, sie isst wenig). Ich empfand Liebe für dieses Mädchen und verspürte Dankbarkeit, dass ich für sie da sein durfte. Zum Frühstück bekamen die Kinder Wasser zu trinken. Ich reichte es Mao mit einem kleinen Löffelchen. Mit diesem konnte sie nicht viel anfangen, vielmehr wollte sie daran saugen. Mehrmals verschluckte sie sich, was heftige Streckkrämpfe des Körpers auslöste. Ich benötigte 90 Minuten für das Anreichen von 100 ml Wasser. Nach der Einnahme dieses Frühstücks brachten wir die Kinder auf eine Spielmatte. Während Mao still am Spiel der anderen Kinder teilnahm, lehnte ich sie aufrecht an meinen Oberkörper und vermittelte ihr währenddessen durch langsames Schaukeln Halt und Geborgenheit. Immer wieder streichelte ich sie am Hinterkopf. Dann wiegte ich das Mädchen wieder sanft in meinen Armen. Insbesondere beim Streichen über ihr dichtes kurz geschnittenes schwarzes Haar schloss sie die Augen. Ihr Atem beruhigte sich und schließlich schlief sie ein. Andere Kinder malten. Etwa gegen 10:30 Uhr wurden die Kinder wieder in den Essensbereich zurückgebracht.

Zu Mittag gab es einen Brei aus Kartoffeln und Milch und einen halben Becher Wasser, 200 ml, für jedes Kind. Den Kindern wurden, wie auch beim Frühstück, zum Schutz der Kleidung Speiselätzchen umgebunden. Mao aß ihren Brei mit Appetit, wenn sie diesen auch zwischendurch munter aus dem Mund heraussprudeln ließ, ein Geschehen, das von freudvollem Jauchzen begleitet war. Weil Mao von überaus zierlicher Statur war, war selbst der Teelöffel für ihren Mund viel zu groß. Es dauerte nicht lange, dann schlief Mao in meinen Armen zufrieden ein.

Vergewaltigt, schwanger und ausgestoßen

Sabine:

Die folgende Situation machte mich sehr betroffen: In einem vom Kinderbereich abgelegenen kleinen Raum lag eine etwa 25-jährige Frau auf einer Pritsche. Sie sprach kein Englisch und wirkte sehr traurig. Wie kam es, dass sie in einem Waisenhaus untergebracht war? Ich brachte in Erfahrung, dass sie von einem Mann vergewaltigt und infolgedessen schwanger geworden war. Weil eine Schwangerschaft im Zuge einer Vergewaltigung aus Sicht der Familie eine Schande bedeutete, wollte man die werdende Mutter bei lebendigem Leibe verbrennen. In ihrer Not suchte die junge Frau bei den Missionarinnen der Nächstenliebe Zuflucht und fand im Waisenhaus eine Bleibe. Die Ordensfrauen würden sie bei der Geburt und bei der Abwicklung des Adoptionsverfahrens des Babys unterstützen. Eine Missionarin erzählte: „If she goes back to her family, her brothers would kill her, that's sure" (Würde sie zu ihrer Familie zurückkehren, würden sie die Brüder töten, das ist gewiss). Gemeinsam mit Judith verweilte ich bei ihr und wir sangen zusammen einige Lieder. Hin und wieder lächelte sie zaghaft. Sie war schwach, unsicher und hatte einen tieftraurigen Blick.

Um 12:00 Uhr, nachdem wir die Kleinkinder gewickelt und in ihre Betten gelegt hatten, endete für uns Volontärinnen der Einsatz. Danach suchte ich die werdende Mutter nochmals auf, um mich von ihr zu verabschieden. Liebevoll bedankte sie sich für diese Aufmerksamkeit, indem sie zögerlich nach meiner Hand griff.

Auf unsere Frage, schließlich unsere eindringliche Bitte, am kommenden Tag in die außerhalb Kalkuttas liegenden Dörfer zur Versorgung von Patient*innen mitfahren zu dürfen, bekamen Wolfgang und ich leider mehrmals die abschlägige Antwort: „Too many volunteers!" Zu viele Freiwillige wollten dies, als dass dies für uns beide möglich sei. Das war für uns enttäuschend.

Volontariat in Nirmal Hriday

„Wofür arbeite ich? Wenn es keinen Gott gibt, kann es auch keine Seele geben. Wenn es keine Seele gibt, dann, Jesus, bist du auch nicht wahr!" (Mutter Teresa, in Koller, 2010, Minute 0:30).

Mutter Teresa bezeichnete sich selbst als „Heilige der Dunkelheit", weil sie das Licht für jene sein wollte, die auf Erden in Dunkelheit lebten (Schneider, 2011, S. 5). 1952 gründete sie das erste Sterbehaus in der Tempelanlage Kalighat. Zuvor war das Gebäude eine Schlafstätte für Pilgernde. Zu Ehren des Unbefleckten Herzens Mariens nannte sie es „Nirmal Hriday", was auf Bengalisch „reines Herz" heißt (Schwarzer-Beig, 2016, S. 6). Gläubige Hindus waren darüber empört, dass eine katholische Nonne Einzug in ein für sie heiliges Gebiet hält. Doch Mutter Teresa entgegnete, sie wolle die Sterbenden von der Straße holen, um sie in den Himmel zu heben (Koller, 2010, Minute 17,06). Ob Freiwillige, Politikerinnen und Politiker, Geistliche oder Papst Johannes Paul II., alle Besuchenden führte sie in das Sterbehaus. Sie nahm deren Hand und legte sie auf die Stirn eines sterbenden Menschen, so als würde sie durch die Berührung der „geringsten Brüder" (Deutsche Bibelgesellschaft, 2020, Mt. 25,40) den Besuchenden die Begegnung mit Gott ermöglichen und schenken wollen (Schwarzer-Beig, 2016, S. 6).

Zu Fuß unterwegs ins Sterbehaus

Am dritten Tag nach unserer Ankunft machten wir uns nachmittags auf, um nach Nirmal Hriday, unserem angestrebten Einsatzort, zu gehen. Laut Internet-Routenplaner wurde für die Strecke von fünf Kilometern dorthin eine Stunde Gehzeit berechnet. Aufgrund der vielen Menschen, die sich auf engstem Raum zwischen den Ständen am Straßenrand hindurchbewegten, der körperlich belastenden Schwüle, der hohen Feinstaubbelastung sowie der hochgefährlichen Verkehrssituation kamen wir nur sehr langsam voran. Wiederum hielten wir vergeblich Ausschau nach Anschlüssen für fließend Wasser, hingegen standen unzählige Metallbehälter mit stark verunreinigtem Wasser herum. Nach dreieinhalb Stunden

Gehzeit hatten wir Nirmal Hriday noch immer nicht gefunden. Es dämmerte schon und die Smogbelastung schien abends noch stärker als tagsüber zu sein. Wir riefen ein Taxi und fuhren erschöpft zurück zum Hotel.

Der erste Eindruck

Beim nächsten Versuch fuhren wir gleich, abermals in einer sehr abenteuerlichen Fahrt, mit dem Taxi zum Nirmal Hriday. Wir hatten uns dieses Haus viel größer vorgestellt. Es war das einzige weiße Haus in dieser Straße, bei allen anderen Gebäuden war das Mauerwerk grauschwarz verfärbt. Zunächst ließen wir den Ersteindruck des Hauses, unseres lang ersehnten Einsatzortes, einige Minuten auf uns wirken. Eine Frau kam hinzu und sprach von außen durch ein Holzgitter, das in die Eingangstüre integriert war. Danach ging sie wieder. Wir befürchteten, dass auch uns der Einlass nicht gewährt wurde. Wir öffneten die hohe schwere Eingangstür und konnten problemlos eintreten. An der Innenseite der Tür war ein Schild mit der Aufschrift: „No visitors from 12:00 am to 03:00 pm" angebracht. Hinter der Tür saß ein Mann, neben ihm standen seine Krücken. Er erklärte mit einer Handbewegung und mit wenigen Worten, dass wir uns umsehen dürften. Nur wenige Stufen und schon befanden wir uns im Männer-Krankensaal des Hauses. An einer Säule hing eine Tafel, auf die mit Kreide der derzeitige Belegstand geschrieben war: 40 Männer und 39 Frauen. Einfache Eisenbetten mit grünen Wolldecken standen dicht aneinandergereiht, jedoch waren nur wenige belegt. Die Bettdecken waren ordentlich zusammengefaltet. Die meisten Männer fanden wir einige Minuten später im Waschbereich vor. Die Krankensäle der Frauen und Männer waren durch die „Wäschezone", in diesem Bereich wurde Wäsche gebügelt und genäht, voneinander getrennt. Wir versuchten zunächst, bei einer italienisch sprechenden Dame in Erfahrung zu bringen, wo wir uns zum Freiwilligendienst anmelden könnten. Sie informierte uns, dass wir uns zuerst in einem anderen Gebäude registrieren lassen müssten. Ein junger sympathischer Herr aus Dänemark kam auf uns zu und erteilte weitere Auskünfte. Die Adresse, wo wir uns am nächsten Tag ab 07:30 Uhr melden sollten, schrieb er auf einen Notizzettel. Falls wir dort auch ein Frühstück einnehmen wollten, müssten wir schon um 07:00 Uhr vor Ort sein. Und auch das brachten wir im Gespräch in Erfahrung: Es bestand die Möglichkeit, sowohl vormittags von 08:00 bis 12:00 Uhr und/oder nachmittags von 15:00 bis 17:00 Uhr im Nirmal Hriday zu arbeiten. Angeblich gab es mehrere Häuser, in denen man einen ähnlichen Dienst verrichten konnte.

Die italienisch sprechende Dame erklärte, dass hauptsächlich nachmittags Bedarf an Freiwilligen bestehe. Der dänische Herr unternahm mit uns noch eine kurze Hausführung. Er zeigte uns Schließfächer, in denen wir unsere Sachen während des Dienstes hinterlegen konnten. Das Haus war angenehm klimatisiert und sauber. Ein anderer junger Mann, freundlich lächelnd, strich die Wände mit weißer Farbe. Beim Eingang befand sich ein Tisch mit sauberem Trinkwasser in Kannen, an dem sich die Menschen bedienen konnten.

Nachdem wir das Haus wieder verlassen hatten, sahen wir wenige Meter vor der Eingangstür zum Hospiz zwei abgemagerte, exsikkierte (ausgetrocknete) und spärlich bekleidete Personen, die auf dem heißen Asphalt in der prallen Hitze lagen. Ihre Atmung war flach. Eine Person war bewusstseinsbeeinträchtigt.

Sabine:

> Ich war irritiert. Nahezu alle Kranken im Nirmal Hriday waren allein gehfähig, kräftiger und durchweg gesünder als jene vor der Eintrittspforte, deren Leben an einem seidenen Faden hing. Nach welchen Kriterien wurden Patient*innen in dieses Haus aufgenommen? Mutter Teresas Ansinnen lag doch darin, sich der Ärmsten der Armen anzunehmen. Dort zu sein, wo Menschen ein unwürdiges Dasein fristeten, war der zentrale Auftrag Gottes. Sie selbst suchte die Menschen in den Slums auf und holte diejenigen, die die Hilfe am dringlichsten benötigten, ins Sterbehaus. Nirmal Hriday wirkte auf den ersten Eindruck nicht überfüllt und hätte den beiden Sterbenden auf der Straße vor dem Hospiz noch leicht Platz geboten. Man hätte sie leicht mit einem kühlen Schlafplatz und mit Flüssigkeit versorgen können.

Wolfgang:

Unklar war für uns, weshalb nur zwei von insgesamt 60 Betten im ersten Raum des Hospizes, der Männerabteilung, belegt waren. Alle grünen Bettlaken waren straff gespannt. Der Raum sah ordentlich, indes unbelebt aus. Im angrenzenden Waschraum saßen die männlichen Patienten von Nirmal Hriday und unterhielten sich. Ein ähnliches Bild zeigte sich im Frauenbereich. Die Stimmung war harmonisch und, wie auch im Männerbereich, unbeseelt.

Wir dachten darüber nach, wie es wohl wäre, wenn wir mit einem sterbenden Leprapatienten oder mit einem Menschen mit Verdacht auf tuberkulosebedingtem Husten an der Pforte des Hospizes um Aufnahme bitten würden. So kühl, wie die klimatisierten Krankensäle waren, so abgekühlt und seelenlos fühlte sich die Atmosphäre des Hauses an. Was wir erlebten, war der organisierte Besuch einer stationären Einrichtung für Sterbende, so unser Eindruck.

Sabine:

Mir kam eine Dynamik in den Sinn, die angesichts einer ununterbrochenen und (zu) hohen Intensität in der Begleitung Leidender und Sterbender bei den Betreuenden eingesetzt werden konnte, um die emotionale Dichte im Zuge von Palliativarbeit besser ertragen zu können. Untersuchungen auf Palliativstationen in Europa belegten, dass insbesondere dann, wenn Sterbende jung sind, viele innerhalb kurzer Zeit versterben und kaum Zeit für den kollegialen Austausch und für einen würdevollen rituellen Abschied bleibt, Funktionalität in der Betreuung und eine professionelle Distanz in der menschlichen Begegnung die Folgen sind (Müller et al., 2010, S. 227; Pfister, 2014, S. 43–44; Koh et al., 2015, S. 635).

In den Bereichen für die Patient*innen sahen wir nur vereinzelt Freiwillige, keine Ordensfrauen. Zwei Näherinnen vermittelten ebenso den Eindruck, hier eine nette und gemütliche Zeit miteinander zu verbringen. Doch wo wurden die Schwerkranken und Sterbenden würdevoll gepflegt? Wo fanden die Allerärmsten von der Straße einen würdigen Ort? Wer nahm sich ihrer an, wenn sie nicht mehr in der Lage waren, in das Sterbehaus zu kommen oder wenn es niemanden gab, der sie dorthin bringen konnte? Wer ging auf jene Menschen zu, die dringend Hilfe benötigten? Mutter Teresa war zwar präsent in Bildern und abgedruckten Gebeten, die sie gesprochen hatte. Auch Rituale, etwa Gebetszeiten, wurden durchgeführt. Doch es wurde mehr das Andenken an die Ordensgründerin gepflegt, als dass ihr Ansinnen fortgeführt und gewahrt wurde. Keinesfalls wollten wir aufgrund unzureichender Einsicht in die Gegebenheiten und Abläufe vorschnelle Schlüsse ziehen, weshalb wir nicht nur im Nirmal Hriday arbeiteten, sondern auch in den Ambulanzen und im Waisenhaus Nirmala Shishu Bhavan.

Der Eingangsbereich von Nirmal Hriday.

Die Längsseite des Hospizes Nirmal Hriday.

Dienst bei den Kranken

„Sie haben gelebt wie Tiere, aber sie sterben wie Engel" (Mutter Teresa, in Koller, 2010, Minute 18:55).

Die Volontärinnen wurden zum Dienst bei den Frauen eingeteilt, die Volontäre waren für die Arbeit im Männertrakt vorgesehen. Zwei Volontäre schliefen auf dem Steinboden. Da bei unserem nächsten Eintreffen, nach Durchführung der vorhin beschriebenen Registrierung, niemand da war, der sich unser angenommen hatte, betraten wir einfach die Krankensäle.

Sabine:

In einem Durchgang stand eine Pritsche an der Wand. Darauf lag ein sterbender Mann. Er atmete schwer, stöhnte, wirkte sehr geschwächt. Seine Mundschleimhaut war im Zuge der Mundatmung trocken, ebenso die der Lippen, weshalb ich ihm einen Schluck Wasser einflößte. Um ihm die Atemarbeit zu erleichtern, schob ich ein Polster unter seinen Rücken. Dieses Ausmaß an pflegerischer Unterstützung schien für ihn genug zu sein. Meine Anwesenheit war für ihn nicht unbedingt erforderlich. Er vermittelte vielmehr den Eindruck, dass diese Lebensphase nun durchzustehen sei und er dies allein tun müsse. Kurz darauf wurde ihm subkutan eine Glukose-Infusion verabreicht und eine Sauerstoffbrille angelegt.

Es befanden sich 41 Frauen in stationärer Behandlung. Drei indische Frauen, sie befanden sich in einer Art Angestelltenverhältnis, waren für den Frauentrakt zuständig. Ich nenne sie folgend „Helferinnen". Obwohl sie mich sahen, reagierte niemand auf mich. Ich ging zu einer Helferin und sagte: „Hello. I'm a volonteer and I want to help!" Ohne mich zu begrüßen und obwohl einige Patientinnen schliefen, schrie sie schrill durch den Saal: „Volonteer!" Es gab keinerlei Einschulung. Ich half sogleich mit, die mit Urin benetzten Intimtücher zu entfernen bzw. diese bei den immobilen Frauen zu wechseln. Die Inkontinenzversorgung bestand darin, dass ein großes Stofftuch doppellagig zu einem Dreieck gefaltet und über den Intimbereich gespannt wurde. Die Enden des Tuches wurden in den Leisten verknotet. Aufsaugende und wasserabweisende Vorlagen gab es nicht. Die Frauen schieden nur wenig Harn aus. Eine normale Harnportion, diese liegt zwischen 200 und 400 Milliliter, hätte das bisschen Stoff völlig mit Urin durchtränkt. Nach und nach trafen zehn weitere jugendliche und erwachsene Freiwillige aus Spanien, Italien und Polen ein, um im Nirmal Hriday zu helfen. Vor der Körperpflege erfolgte die „Physiotherapie". Die Helferinnen forderten die noch gehfähigen Frauen zum Aufstehen und Herumgehen zwischen den Pritschenreihen auf. Alle Patientinnen waren barfüßig. Die schmalen Pritschen hatten eine Höhe von etwa 20 cm, was ein rückenschonendes Arbeiten für die Betreuenden verunmöglichte. Hebelifte oder ähnliche Mobilisationshilfen gab es nicht. Alle zu versorgenden Frauen waren von kleiner Statur und durchweg untergewichtig. Sie trugen Nachthemden, die an der Hinterseite offen waren und mit zusammengeknoteten Bändern zumindest ein wenig Intimschutz zuließen. Bei den Nachthemden gab es eine Standardgröße.

Jene Frauen, die kaum noch oder gar nicht mehr ohne Hilfe gehen konnten, wurden von zwei Helferinnen unsanft unter den Achseln gepackt und zu Plastikstühlen, die sich unmittelbar neben dem Toiletten- und Waschbereich befanden, gezerrt und auf diesen platziert. Die Helferinnen achteten darauf, dass die Frauen mit nackter Haut auf den Plastikstühlen saßen, in die mit einem grobzackigen Messer große Löcher geschnitten worden waren. Der Rand dieser Löcher war zerfranst. Plastikspitzen ragten nach oben, weshalb die Frauen hoch gefährdet waren, sich im entblößten Intimbereich zu verletzen. Eng aneinandergereiht saßen die Frauen im Kreis und warteten geduldig auf die Körper- und Intimpflege. In der Mitte des Kreises befand sich ein Abfluss. Einige von ihnen urinierten, während sie auf dem Sessel saßen. Im nächsten Moment wurden der Unterleib und die Beine der Frauen „gewaschen", indem die Helferinnen das Wasser mit Wassereimern mit Schwung über sie schütteten.

Nach der Körperpflege erhielt jede Frau einen Metallbecher, der mit 200 Milliliter Trinkwasser befüllt war. Nur wenige tranken den Becher leer, was die geringen Harnmengen erklärte. Nach dem Trinken wurde ein weiteres Mal Physiotherapie durchgeführt. Wiederum wurden die Frauen grob angefasst und von den Stühlen zu den Pritschen gezerrt. Eine Volontärin informierte eine Helferin darüber, dass eine schwache Frau nicht trinken wolle. Die Frau befand sich sichtlich in der Sterbephase. Daraufhin weckte die Helferin sie, indem sie die Frau anschrie, ihr auf die Stirn schlug und ihren Kopf mehrmals und heftig von einer Seite zur anderen schleuderte. Diese für mich schockierende Umgehensweise wiederholte sich leider oftmals und schien im Nirmal Hriday üblich zu sein. Eine 18-jährige polnische Volontärin weinte, als sie dieses Vorgehen beobachtete. Sie hatte sich Nirmal Hriday ganz anders vorgestellt. „But this is terrible" (Das ist schrecklich), sagte sie.

Ich sorgte mich, dass eine barfüßige schwache Frau auf dem nassen Steinboden ausrutschen könnte. Diese Frauen hatten keinerlei Ansprüche. Eine junge Patientin mit Aszites (abnorme Ansammlung von Flüssigkeit in der Bauchhöhle), vermutlich aufgrund einer Krebserkrankung, bat mich, sie zur Toilette zu begleiten. Sie wog vielleicht 25 Kilogramm. Nach dem Urinieren wurden der Intimbereich und die Beine mit einem Wasserkrug abgeschwemmt, ohne diese Körperzonen danach abzutrocknen. Wieder bei der Pritsche und erschöpft angekommen lächelte sie und küsste mir die Hände. Insgesamt vier Patientinnen lächelten ein wenig. Eine wollte mich nicht gehen lassen. Ich nahm sie in die Arme. Dabei lehnte sie ihren Kopf sanft an meine Schulter und sagte: „Thank you."

Eine Missionarin der Nächstenliebe half bei der Medikamentenausgabe. Sie machte einen freundlichen Eindruck. Den Volontärinnen wurden die Tabletten in die Hand gedrückt, damit sie diese zu den Frauen brachten. Zuvor wurde auf die entsprechende Frau, inmitten all der Pritschen, mit dem Finger gezeigt. Ich sagte zur Missionarin: „Please look at me", denn ich sorgte mich, die Medikamente irrtümlich der falschen Kranken zu geben.

Drei schwerkranke bettlägerige und vier sterbende Frauen befanden sich im Frauenbereich. Die Sterbenden lagen auf Wechseldruck-Matratzen. Eine Dame hatte eine Extensionsschiene, an deren Zugseil ein Ziegelstein hing. Sie war sehr schläfrig und extrem schwach. Bei einer einzigen Patientin wurde die stark gerötete Haut am Gesäß mit einer Fettsalbe gepflegt. Utensilien zur Haut- oder Mundpflege gab es nicht. Indes hätte ein Mikrozerstäuber auf einfache Weise dazu beigetragen, das quälende Durstgefühl der Sterbenden zu lindern.

Zum Abendessen gab es Reis mit Fleischsauce, angerichtet in metallenen Schalen. Für jede Frau war die gleich große Portion vorgesehen. Ich dachte: *So wenig Reis für 41 Frauen!?* In Österreich würden fünf hungrige Personen problemlos diese Menge an Reis verspeisen. Etwa ein Drittel der Frauen konnte nicht allein essen. Wir wurden angehalten, den Reis und die Fleischsauce mit den Fingern zu vermengen und den Frauen das Essen mit der bloßen Hand in den Mund zu führen. Jene Dame, der ich das Essen gab, sah mich kein einziges Mal an, obwohl ich direkt vor ihr hockte. Ihr schienen nur die Erfüllung der dringlichsten körperlichen Bedürfnisse wie Essen und Ausscheiden wichtig zu sein. Wer beweglich genug war, um sich das Essen zu holen, wurde dazu aufgefordert.

Eine Helferin beugte den Oberkörper und den Kopf einer alten Frau, sie saß am Fußende ihrer Pritsche, stark und unsanft zu Boden. Die Frau wusste, was zu tun war: Sie rutschte, mit nacktem Gesäß, auf den Boden zur Essensausgabe. Dort nahm sie, auf dem blanken Steinboden sitzend, die Mahlzeit ein. Danach rutschte sie wieder zurück zu ihrer Pritsche. Nach dem Essen mussten sich alle die Hände waschen. Dazu wurden ein Handbecken und ein Wasserkrug durchgereicht.

Resümee:

Alles erfolgte wie am Fließband: Reinigung des Intimbereiches – Physiotherapie – Ausscheiden – Körperreinigung – Physiotherapie – Essen – Hände waschen – Geschirr abwaschen – zurück in die Pritschen. Alle Handlungen wirkten lieblos und rüde. Von Mutter Teresas Liebe zu den Kranken und Sterbenden war hier nichts zu spüren. Einzig die Volontärinnen begegneten den Frauen einfühlsam und respektvoll. Die Arbeit der Freiwilligen schien bereits zur Selbstverständlichkeit geworden zu sein. Es gab weder eine Einschulung noch den Hinweis, wo sich für die Helfenden Trinkwasser befand, geschweige denn ein „Danke". Die Helfenden gaben die nötigsten Informationen für ihren Dienst im Nirmal Hriday untereinander weiter. Für mich war diese Erfahrung enttäuschend. Das rücksichts- und lieblose Miteinander, das wir unter den Menschen auf den Straßen wahrgenommen hatten, war auch im Nirmal Hriday Normalität. Mich stimmte das traurig. Ich sah nun keinen Grund mehr, in einer Stadt wie Kalkutta noch irgendwie „durchhalten" zu müssen. In einem solchen Kontext konnte und wollte ich meiner Berufung nicht länger nachgehen. Nicht der Umstand, dass die Menschen arm, schwerkrank oder sterbend waren, belastete mich. Vielmehr war ich von der unbarmherzigen Kultur des Umganges untereinander und gegenüber den Hilfebedürftigen tief betroffen.

Wolfgang:

Ähnlich wie in der Frauenabteilung war die Situation bei den Männern. Für die 44 männlichen Personen, die sich in stationärer Behandlung befanden, gab es mehr als ausreichend viele Volontäre. Nur ein Inder war offensichtlich angestellt, und der ging grob und hartherzig mit seinen Landsleuten um. In der Abteilung waren zwei Männer sterbend. Einer von ihnen verstarb eine Stunde, nachdem ich meinen Dienst angetreten hatte. Ich saß den Großteil des Nachmittages bei dem anderen sterbenden Inder, hielt seine Hand, sprach mit ruhiger und hoffentlich beruhigender Stimme zu ihm. Dies erachtete ich als meine Aufgabe, denn der Mann war ruhelos und ängstlich. Alle paar Minuten umklammerte er fest meine Hand und sprach in einer für mich unverständlichen Sprache sehr eindringliche Worte, untermauert mit flehentlichem Blick und tiefen Stirnfalten. Ich hatte keineswegs den Eindruck, dass der Mann zum Sterben bereit war, seinen Blick deutete ich als Verzweiflung über Ungelöstes, vielleicht Gedanken an noch Aufzulösendes, im Bewusstsein, dass es nun wohl zu spät war. Die Haltung und das Verhalten des indischen Angestellten, ich bezeichne ihn folgend als „Helfer", war hoch bedenklich. Dies sei anhand zweier Beispiele näher erläutert.

Eine Ordensschwester gab dem Helfer die Medikamente für den sterbenden Mann. Er sollte ihm drei kleine Tabletten und eine große orange Kapsel verabreichen. Bei der Eingabe der drei Tabletten, die der Patient nur ganz langsam und unter größten Mühen schlucken konnte, spürte ich bereits die Ungeduld des Helfers.

Tablette 1 – Wasser – warten.

Tablette 2 – Wasser – warten.

Tablette 3 – Wasser – warten.

Der Patient stöhnte und rang nach Luft, noch mehr warten. Die Situation war mir zutiefst unangenehm, als Neuling wusste ich nicht genau, wie ich mich verhalten sollte, spürte aber, dass hier bezüglich Haltung Unpassendes ablief. Schließlich gab der Helfer dem sterbenden Patienten die große orange Kapsel, seine Geduld war erschöpft. Er presste sie ihm gegen die geschlossenen Lippen, dabei brach die Kapsel auf und der Inhalt, das Pulver, strömte heraus. Dann presste er das Pulver mit dem Daumen in den Mund des sterbenskranken Menschen, der offensichtlich größte Mühe hatte, ausreichend Luft zu bekommen und nicht gleichzeitig das Pulver zu inhalieren. Ich saß sprachlos daneben. Ein Großteil des Kapselinhaltes landete im Mund. Damit gab sich der Helfer zufrieden. Sogleich schüttete er noch etwas Wasser hinterher, ohne den Sterbenden darauf vorzubereiten. Der Patient schaffte es, immer noch nach Luft ringend, das Wasser teilweise zu schlucken, der Rest quoll, vermengt mit dem Pulver, wieder aus dem Mund heraus. Der indische Helfer war zu diesem Zeitpunkt bereits wieder verschwunden.

Beispiel 2: Außer dem sterbenden Patienten, bei dem ich die meiste Zeit meines Einsatzes verbrachte, gab es noch zwei Männer, die nicht aufstehen konnten. Sie schienen keinesfalls akut sterbend, jedoch hatten beide größere Verbände an den Beinen. Der Helfer ging auf einen der beiden mit in Alufolie gewickeltem Essen zu. Während er an ihm vorbeiging, warf er die Alufolie achtlos auf den Körper des Mannes, ohne ihn dabei eines Blickes zu würdigen. *Was würde Mutter Teresa dazu sagen?*, fragte ich mich.

Wie bei so vielen Beispielen in allen möglichen Sparten, Branchen und Institutionen dieser Welt schien auch hier der Geist eines Ideals mit der Begründerin zu Grabe getragen worden zu sein. Je größer die Lichtgestalt, desto größer der Schatten. Je hoffnungsvoller die Vision, desto stärker das Vakuum, das es nach dem Ableben einer Gründerpersönlichkeit aufzufüllen galt. Die Leitgedanken des Hauses hingen an den Wänden, waren jedoch nicht in der Sprache der Einheimischen verfasst und daher für die dort Angestellten nicht lesbar.

Gott sei Dank gab es die Volontäre, die allesamt überaus bemühte und herzensgute Menschen waren. Ich war dankbar für die Begegnung mit ihnen. Sie standen den Kranken zur Seite, wuschen, kleideten sie, unterstützten bei der Mobilisation und gaben ihnen Essen. Was es für Freiwillige nicht gab, war irgendeine Form der Registrierung, außer der vorhin angesprochenen Feststellung der Namen, die andernorts stattfand. Es gab keinerlei Überprüfung der individuellen Kompetenzen und Fähigkeiten. Bei einem Verhältnis von etwa zehn Volontären in der Abteilung zu einem Angestellten, der sich überhaupt nicht um die Volontäre kümmerte, kann ich sagen, dass dieses System zumindest in der Männerabteilung rein von den freiwilligen Helfern getragen wurde. Was zu tun war, schauten sie sich ab, erfragte sie, oder wie in meinem Fall, machte ich nach Gefühl. Ich fühlte mich an der Seite der sterbenden Menschen richtig. Wirklich gebraucht fühlte ich mich aber nicht. Es war vielmehr ein Sammeln an Erfahrungen, ein weiterer Schritt auf der Suche nach der „wahren Mission".

Krankheitsbedingte Erfahrungen und Heimreise

Wolfgang:

Bereits in der Nacht bemerkte ich erste Anzeichen einer Erkrankung. Durchfall, Magenschmerzen, Druckempfindlichkeit in der Bauchgegend und Übelkeit. Hatte ich denn abends nicht das Gleiche gegessen wie jeden Tag? Nein, hatte ich nicht. Die „baked potatoe" war mit rohem Gemüse, mit drei Scheiben Gurken und ebenso vielen Tomatenscheiben garniert. Leichtsinnigerweise aß ich das rohe Gemüse, mit spürbaren Folgen. Im Laufe des Vormittages zeichnete sich deutlich ab, dass wir heute nicht wie geplant nach Nirmal Hriday fahren konnten. Zu den oben genannten Beschwerden kam Fieber hinzu. Sabine sah immer wieder nach mir, ich spürte ihre Besorgnis, versuchte, sie zu beruhigen. Im Laufe des Tages wurde die Übelkeit erträglicher, doch der Stuhl war wässrig und das Fieber stieg immer höher. Ich war extrem müde und konnte mich kaum noch wachhalten. Nachmittags telefonierte Sabine auf Englisch mit einem Arzt und vereinbarte mit ihm einen Besuchstermin im Hotel. Noch erschien mir diese Maßnahme etwas übertrieben, doch genau zu diesem Zeitpunkt bekam ich einen heftigen Fieberschub wie nie zuvor in meinem Leben, und ich war schließlich unendlich dankbar über die Aussicht auf ärztliche Hilfe. Sabine wickelte in Eiswasser getränkte Tücher über meine Waden. Mein Körper fühlte sich glühend heiß an. Ich spürte, dass ich nahe daran war, das Bewusstsein zu verlieren. Die Umschläge zeigten zum Glück überraschend schnell ihre Wirkung, ich begann zu schwitzen, die hohe Körpertemperatur sank, Gott sei Dank. Als etwa 90 Minuten später der Doktor eintraf, hatte ich das Gefühl, fieberfrei zu sein. Sein Thermometer zeigte immer noch 39,3°C. Die Begegnung mit dem indischen, etwa 55 Jahre alten und wohlbeleibten Arzt war eine der schönsten menschlichen Erfahrungen, die wir in Kalkutta machen durften. Zwischenzeitlich informierten wir die Europäische Reiseversicherung über mein Kranksein, fühlten uns von den Mitarbeiterinnen dort gut und kompetent beraten und begleitet. Der Arzt betrat unser Zimmer mit den Worten: „Please turn on the AC, you see, I'm fat" (Bitte stellen Sie die Klimaanlage an, Sie sehen, ich bin dick). Sabine schaltete die Klimaanlage etwas kühler, dennoch war der gute Mann nach wenigen Minuten, in denen er sich kaum bewegt hatte, völlig nassgeschwitzt. Seine angenehme Stimme beruhigte mich. Er erkundigte sich nach den Symptomen und stellte eine erste Diagnose. Vermutlich handelte es sich um „normal travellers diarrhoe", doch das hohe Fieber beunruhigte ihn, weshalb ich am nächsten Tag in sein Krankenhaus, das Mercy Hospital, kommen sollte. Dort würde er eine Blutuntersuchung machen, denn das für travellers diarrhoe untypische Fieber könnte auch ein Anzeichen für Malaria sein. Auch wunderte er sich, dass wir zwar Malariamedizin dabeihatten, uns ärztlicherseits jedoch empfohlen wurde, diese vor der Abreise nicht einzunehmen, sondern erst bei Krankheitsverdacht. Er verschrieb einige Medikamente und nahm sich ausreichend Zeit, um alle Fragen zu beantworten und um die bürokratischen Erfordernisse im Hinblick auf die Versicherung zu erfüllen. Zum Abschied wies er noch darauf hin, dass ihm bewusst sei, dass wir in Kalkutta Fremde seien. Jedoch würde er uns nicht als Fremde, sondern als Gäste in seinem Land behandeln wollen. Die kommende Nacht war gezeichnet von hohem Fieber, eiskalten Umschlägen und unzähligen Toilettenbesuchen.

Sabine:

Meine anfängliche Sorge um Wolfgang wandelte sich zunehmend in Angst um ihn, nachdem ich die glühend heiße Haut gefühlt hatte, die Stühle wässrig gewesen waren und nach Fisch gerochen haben und sich seine körperliche Erschöpfung gesteigert hatte. Ich dachte an die Möglichkeit einer Choleraerkrankung. Spontan ging ich zur Rezeption und bat den Manager um die Telefonnummer eines sehr guten Arztes. Es war nicht leicht für mich, ihm verständlich zu machen, dass der Arzt unbedingt ins Hotel kommen sollte. Zwei Kellner bemerkten meine Sorge. Zum Frühstück des nächsten Tages, das ich Wolfgang auf das Zimmer brachte, bereiteten sie unaufgefordert eine große Schale Haferschleim sowie leichten Schwarztee zu. Einige Hotelgäste sorgten sich um Wolfgang, erkundigten sich immer wieder nach seinem Befinden und boten vielfach Unterstützung an. Da fühlte ich mich erstmalig in Kalkutta nicht verloren, sondern wohlwollend unterstützt.

Wolfgang:

Am Morgen fühlte ich mich etwas besser. Das Fieber war gesunken, unterlag jedoch unberechenbaren Schwankungen. Immer wieder Fieberschübe, dazu viele Toilettengänge und allgemeines schweres Krankheitsgefühl. Leider bekam nun auch Sabine erste Magenkrämpfe, sie hatte sich wohl angesteckt. Wir beschlossen, nach Möglichkeit die Klinik aufzusuchen und dann zu entscheiden, ob wir eventuell verfrüht nach Hause aufbrechen sollten. Dafür sprach, dass uns ein Erholen in dieser Stadt unmöglich erschien. Dagegen sprach, dass uns das Verlassen der Stadt zu anstrengend war. Für 11:00 Uhr waren wir im Krankenhaus angemeldet, um 10:30 Uhr starteten wir mit dem Taxi vom Fairlawn Hotel. Dort sahen wir zufällig *unseren* Arzt gerade das Gebäude betreten. Wir begrüßten ihn und gingen so wie andere Personen auch gleich mit ihm mit. Er war freundlich, wenn auch etwas gestresst, und führte uns in sein Büro. Dort warteten wir etwa 15 Minuten. Er erkundigte sich nach meinem Befinden und empfahl eine Blutuntersuchung. Die Ergebnisse der Untersuchung würde er uns am Nachmittag mitteilen. Er war wiederum sehr geduldig und wurde von einer freundlichen Schwester unterstützt, die ihm nach Möglichkeit jeden Handgriff abnahm. Im Büro war es eiskalt, die Raumtemperatur war eindeutig auf sein Hitzegefühl im Zuge von Fettleibigkeit abgestimmt. Sabine und ich gingen dann, ausgestattet mit einem Zettel für die Blutuntersuchung, zu einem Pult, hinter dem eine Dame saß, die meine Daten aufnahm. Hier war es sehr laut, ein Durcheinander an Menschen, die es trotz Anordnung einer Sicherheitskraft nicht schafften, sich halbwegs in Reih und Glied anzustellen. Sabine startete einen Versuch, die Toilette des Krankenhauses aufzusuchen. Diese war jedoch derart verunreinigt, dass sie den Versuch abbrach und wieder zurückkam. Nachdem ich meine Daten angegeben hatte, sollte ich umgerechnet etwa 20 Euro für den Bluttest im Voraus bezahlen, doch auch hier sollte es beim Versuch bleiben. Das Bargeld war uns ausgegangen. Bemühungen, mit der Bankomat-

oder VISA-Karte zu bezahlen, scheiterten. Unser Taxifahrer, der sich bereit erklärt hatte, auf uns zu warten, wollte uns mit Bargeld aushelfen, doch er hatte zu wenig dabei. Also versuchten wir, bei einem naheliegenden Bankomaten Geld abzuheben. Vergeblich, das Gerät spuckte einfach kein Geld aus. Daraufhin baten wir unseren Taxifahrer, uns zu einer Bank zu bringen, um dort Geld abzuheben. Er chauffierte uns gefühlt durch die halbe Stadt und weit weg vom Krankenhaus. Während der Fahrt reifte in uns der Entschluss, nicht mehr dorthin zurückzukehren. Die mangelhaften hygienischen Zustände, Sabine beschreibt diese auf den folgenden Seiten, meine nur langsam voranschreitende Genesung und Sabines gesundheitliche Verschlechterung trugen ihren Teil dazu bei. Als wir endlich bei der „Big Bank", bewacht von bewaffneter Security, angekommen waren und auch Geld erhielten, wollten wir nur noch eines: zurück ins Hotel. Dort angekommen checkte ich meine E-Mails und hatte vom inzwischen kontaktierten Reisebüro eine überraschende und erfreuliche Nachricht erhalten. Noch am selben Tag gab es eine noch dazu kostengünstige Möglichkeit zur Heimkehr, nach nur wenigen Wochen in Kalkutta. Wir waren uns sofort einig, diese Chance zu nutzen. Wir hatten in Kalkutta genug gesehen und all das erlebt, was uns wichtig war. Jetzt stand unsere eigene Gesundheit im Vordergrund. Das Hotelmanagement war sehr entgegenkommend, wir bekamen die Verkürzung unseres Aufenthaltes in Bargeld rückerstattet. Die Dame des Reisebüros war großartig. Im Handumdrehen mailte sie die neuen Flugtickets und den Flugplan, und zwei Stunden später waren wir bereits auf dem Weg zum Flughafen. Der einzige Nachteil dieses Heimfluges war ein zehnstündiger Zwischenstopp in Dubai, der sich wegen unserer angeschlagenen Gesundheit jedoch rasch als Vorteil erwies, weil wir ausschlafen konnten, ehe wir nach Hause reisten. Auch wollten wir, so weit möglich, noch ein paar Eindrücke dieser größten Stadt der Vereinigten Arabischen Emirate auf uns wirken lassen.

Sabine:

Während der Wartezeit auf den Arzt fühlte ich Unruhe, da ich immer wieder schmerzhafte Bauchkrämpfe hatte. Vorsichtshalber suchte ich die Toilette auf. Dabei passierte ich viele wartende Menschen aller Altersstufen. Die Damentoilette war lange besetzt, da eine hochbetagte gehbehinderte Dame viel Zeit benötigte. Da vor mir noch zwei weitere Damen warteten, sah ich mich nach Alternativen um. Jedoch weder die Damennoch die Herrentoilette waren in einem einigermaßen akzeptablen hygienischen Zustand. Fäkalienspuren an Wänden und Boden, intensiv stechender Harngeruch, kleine Eimer mit Spülwasser für die „Stehtoilette", kein Toilettenpapier. Ich begann, mit meinem Verdauungstrakt zu sprechen: „Jetzt nicht. Alles gut." Der Telegrammstil ergab sich aus den engmaschig wiederkehrenden Bauchkrämpfen. Auch auf der Fahrt zur Bank und weiter zum Hotel führte ich einen stillen Dialog mit meinem Darm: „Danke, du bist spitze. Ich bin mächtig stolz auf unsere Teamarbeit." Darüber, dass bei Wolfgang schließlich keine Blutabnahme durchgeführt wurde, war ich sehr erleichtert. Angesichts der schlechten hygienischen Verhältnisse schien mir *keine* Behandlung die allerbeste zu sein. Unwohl in meiner Rolle als Gästin fühlte ich mich, als wir zur Aufnahme einiger persönlicher Daten von der Krankenschwester mit den Worten „special guests" vorgereiht wurden. Ich fühlte Beschämung darüber, dass ich diese Bevorzugung angenommen hatte, jedoch war die Sorge vor spontanen Stuhlentleerungen übergroß. Aus heutiger Sicht ist dies keine Entschuldigung, denn vielen dieser wartenden Menschen ging es auch sehr schlecht.

Die Taxifahrt zurück zum Flughafen war wieder ein besonderes Erlebnis, allerdings ganz anders als erwartet. Wir winkten vor unserem Hotel nach einem Taxi und sogleich wurde mit vereinten Kräften eines für uns aufgetrieben. Ein Mann wollte uns in seinem privaten Wagen, den er für diese Fahrt zum Taxi erklärt hatte, fahren. Es war ein neues Auto mit Kopfstützen und Sicherheitsgurten, innen sauber gereinigt, außen noch ohne Dellen, somit ein Novum auf Kalkuttas Straßen. Ruhig, vorsichtig und fast schon gemütlich wurden wir zum Flughafen chauffiert, eine Fahrt von etwa 70 Minuten zum Preis von umgerechnet etwa 14 Euro. Für uns war diese letzte Fahrt auf Kalkuttas Straßen eine Wohltat. Am Flughafen das gewohnte Bild der menschenleeren riesigen Halle, da nur Fluggäste mit gültigen Tickets das Gebäude betreten durften. Die klimatisierte Halle am Flughafen erinnerte an *unseren* Doktor, er hätte sich hier sicher wohlgefühlt. Der Flug nach Dubai erfolgte in der Dunkelheit. Um 22:00 Uhr Ortszeit landeten wir in Dubai, wo es schwül war und die Temperatur ortsüblich bei 38°C lag. Wir suchten im Bereich des Flughafens eine Nächtigungsmöglichkeit, waren jedoch überrascht, dass ein Zimmer 200 Euro kosten sollte. Angesichts der Tatsache, dass wir in Kalkutta für zwei Wochen pro Person nur 100 Euro für Essen, Trinken und Taxifahrten benötigt hatten, erschien uns dieser Preis unangemessen hoch. Wir suchten weiter und bezogen schließlich ein Hotelzimmer für 80 Euro in der Innenstadt. Nach einer halben Stunde wurden wir mit einem Kleinbus durch die Stadt chauffiert und staunten uns die Müdigkeit aus dem Körper. Alles war sauber, gepflegt, bepflanzt und bewässert. Ein Planet und nur wenige Stunden Flugzeit zwischen zwei völlig konträren Lebens-Welten. Um 02:00 Uhr morgens war endlich Schlafenszeit im wohl kostengünstigsten Hotel Dubais, für uns jedoch purer Luxus. Das Krankheitsgefühl war mittlerweile erträglich, das Fieber hatte sich beruhigt. Um 06:00 Uhr fuhren wir wieder zurück zum Flughafen und wir nahmen erneut all das wahr, was in Dubai selbstverständlich war, und so ganz anders als in Kalkutta. Uns erschlug förmlich der Luxus: Eine Auslage mit wertvollen Uhren und exklusivem Schmuck empfing uns im Luxustempel Flughafen Dubai. Geld schafft Raum, schafft Platz für den Einzelnen, eröffnet die Möglichkeit, auszubrechen, Träume entstehen zu lassen und umzusetzen. Fünf Flugstunden später landeten wir sanft in Wien-Schwechat, voll der Eindrücke und sehr nachdenklich.

II. WISSENSWERTES RUND UM DAS ERLEBTE

Mutter Teresa

Familie

Anjezë (Agnes) Gonxhe Bojaxhiu wurde am 27. August 1910 als das jüngste von drei Kindern in Üsküp, dem späteren Skopje, geboren. Skopje stand damals noch unter osmanischer Herrschaft und ist heute die Hauptstadt der unabhängigen Republik Mazedonien. Sie wuchs in einer großbürgerlichen Familie auf, deren Religiosität auf Agnes identitätsbildend wirkte, ebenso wie das politische Selbstverständnis der Familie als freie Albaner. 1919 verstarb der Vater 45-jährig, wodurch die wirtschaftliche Sicherheit, in der sich die Familie zuvor befunden hatte, ins Wanken geriet. Die um gut 15 Jahre jüngere Ehefrau und Witwe verschrieb sich nach dem Tod ihres Mannes dem Glauben an Gott (Sammer, 2006, S. 9, 11; Cordes & Lütz, 2013, o. S.).

Thérèse von Lisieux – Agnes' Seelengefährtin

Agnes fühlte sich zeitlebens mit der französischen Nonne und Mystikerin Thérèse (Theresia) von Lisieux, 1873 geboren als Marie Françoise-Thérèse Martin, 1897 verstorben, verbunden, die im Alter von 15 Jahren dem Orden der „Unbeschuhten Karmelitinnen" in Lisieux beitrat. Sie verstand ihre Berufung darin, kontemplativ und stellvertretend für die leidenden Seelen der Sünderinnen und Sünder da zu sein. Der von ihr gelebte und gelehrte „Kleine Weg" war von der Hingabe an Gott geprägt und stand für die geistige Armut des Menschen, der mit leeren Händen vor ihm stand, um von ihm das Nötige für das Leben zu empfangen. Dieses Angewiesen-Sein bedeutete vor allem für einen stolzen und selbstgewissen Menschen eine immense Herausforderung. Gelebte Barmherzigkeit, vor allem gegenüber schuldig gewordenen Menschen, bildete den Kern ihrer Spiritualität. 1923 wurde Thérèse von Lisieux von Papst Pius XI. selig- und 1925 heiliggesprochen (Schäfer, 2019, o. S.).

Franjo Jambreković - ein Wegweiser

Eine wesentliche und prägende Entwicklung ihrer Spiritualität erfuhr Agnes ab 1925 durch den Jesuitenpater Franjo Jambreković (Sammer, 2006, S. 122). Dieser zeigte während des Religionsunterrichts in einem Atlas zahlreiche Missionsstationen in fernen Ländern. Agnes fragte ihn, woran sie den Ruf Gottes, eine „Berufung", erkennen könne. Er antwortete: „Du erkennst sie an deiner inneren Freude. Wenn du dich glücklich fühlst bei dem Gedanken, daß [sic!] Gott dich ruft, ihm und dem Nächsten zu dienen, dann kannst du deiner Berufung sicher sein" (Cordes & Lütz, 2013, o. S.).

Noviziat bei den Loretoschwestern

Am 15. August 1928, der Tag, an dem das Fest der Aufnahme Marias in den Himmel gefeiert wurde, kam sie ihrer Berufung zur Missionarin in Indien nach und trat dem jesuitennahen Orden der Loretoschwestern in Darjeeling bei, wo sie Englisch, Bengalisch und ein wenig Hindi lernte. Ihr Noviziat begann 1929 als „Schwester Teresa". 1937 legte sie ihre letzten Ordensgelübde ab und nannte sich fortan „Mutter Teresa". Von 1929 bis 1948 war sie lehrend an einer Elite-Hochschule ihres Ordens in Kalkutta tätig, in der sie Töchter wohlhabender Familien in Geografie, Geschichte und Religion unterrichtete, und der sie ab 1937 als Schuldirektorin vorstand (Sammer, 2006, S. 122). Doch schon bald wollte sie nicht länger die Kinder der etablierten Inderinnen und Inder unterrichten, sondern denen helfen, die in Armut lebten. Sie setzte ihre Mission in den Randzonen der Gesellschaft fort und begann zunächst in Tiljala, einem der Elendsviertel von Kalkutta, zu helfen (ORF online, 2016, o. S.).

Mahatma Gandhis Ära

Das Leid, das durch die Diskriminierung von Menschen aufgrund ihrer Herkunft, Ethnie oder Religion in die Welt gebracht wird, und die immensen Opfer, die einer friedvollen Lösung vorausgehen, erfuhr Mutter Teresa vor allem im Zuge der politischen Ära Mohandas Karamchand Gandhis, 1869–1948, genannt „Mahatma" (Große Seele) (Tandler, 2017, o. S.). Er entstammte der dritten Hindukaste, die Vaishya, das waren Kaufleute und Händler (Terhart & Schulze, o. J., S. 134). Zu der Zeit des Zweiten Weltkriegs antwortete Gandhi auf die herabwürdigende Gesetzgebung gegen die indische Bevölkerung mit seinem Konzept des gewaltfreien politischen Widerstandes. Um Indien von der britischen Kolonialherrschaft zu befreien, rief er zum zivilen Ungehorsam und zur Anwendung von gewaltlosen Kampfmethoden auf, was im Land zu großen Unruhen führte. Er setzte sich für ein friedvolles Miteinander von Muslimen und Hindus ein, ebenso für die Wahrung von Menschenrechten gegenüber den „Unberührbaren" bzw. „Unreinen", die im Hinduismus keiner der vier Hauptkasten angehörten. Von 1942 bis 1943 war Indien von einer schweren Hungersnot betroffen, die Mutter Teresa in die Armenviertel führte und ihr erstmals die bittere Not der Menschen hautnah aufzeigte. 1947 erfolgte die Unabhängigkeitserklärung Indiens und es kam, gegen den Willen Gandhis, zur Staatenteilung gemäß der „Zwei-Nationen-Theorie", welche die Trennung von Muslim*innen und Hindus vorsah. Das Land wurde in das vorwiegend hinduistische Indien und in das mehrheitlich muslimische Pakistan geteilt, was zu blutigen Ausschreitungen führte, die schließlich die Teilung Indiens als das kleinere Übel erscheinen ließen (Tandler, 2017, o. S.). Gandhi gelang durch seine friedvolle Politik schließlich die Schlichtung des Konflikts zwischen Muslim*innen und Hindus, ehe er 1948 von einem fanatischen Hindu-Gläubigen ermordet wurde (Sepp, 2019, o. S.).

„I thirst" – ein Sinnanruf

> „Der Ruf des Herrn ist ein Geheimnis. Vielleicht werden wir erst im Himmel die tiefsten Beweggründe erfahren, die unser Leben bestimmt haben"
> (Mutter Teresa, zit. n. Schneider, 2011, S. 2).

Auf der Zugfahrt nach Darjeeling in Westbengalen, Mutter Teresa wollte dort Jahresexerzitien durchführen, vernahm sie in der Nacht zum 10. September 1946 die Worte von Jesus Christus: „I thirst" (mich dürstet). Sie fühlte sich zur Linderung des qualvollen „Durstes" der Ärmsten in den Slums beauftragt. Jesu offenbarte ihr, wie sie diesen Durst stillen konnte: „Komm, trag mich in die Höhlen der Armen. Komm, sei mein Licht. Ich kann nicht alleine gehen. Sie kennen mich nicht, daher wollen sie mich nicht. Komm du – geh mitten unter sie, trage mich mit dir zu ihnen" (Mutter Teresa, zit. n. Schwarzer-Beig, 2016, S. 4). Sie beschloss nach diesem „Zugerlebnis" (Sammer, 2006, S. 122), auch „Zugoffenbarung" (ebd., S. 21) genannt, einen Missionsorden für die Allerärmsten zu gründen. Mutter Teresa spürte, dass die Ärmsten nicht nur Wasser benötigten, um zu überleben, sie dürsteten auch nach einem Lebenssinn, erfahrbar durch die Liebe Gottes. Die Worte „I thirst" stehen im Zentrum von Mutter Teresas Spiritualität. In den Ordensregeln heißt es:

> Das allgemeine Ziel der Missionarinnen der Nächstenliebe ist es, das Dürsten Jesu Christi am Kreuz nach Liebe und nach Seelen durch das Gelübde der Armut, der Keuschheit, des Gehorsams und der Selbsthingabe in der Arbeit an den Armen zu stillen (Schwarzer-Beig, 2016, S. 5).

Ehe Mutter Teresa 1946 durch die Zugoffenbarung ihre Berufung empfangen und ihrem Leben eine Orientierung geben konnte, hatte sie bereits als Zwölfjährige einen Ruf Gottes vernommen (Schneider, 2011, S. 2) und sich seitdem von der christlichen Botschaft beseelt gefühlt.

Später beschrieb sie die Offenbarung Jesus' wie folgt:

> In dieser Nacht habe ich die Augen geöffnet für das Leid, und ich verstand zutiefst das Wesen meiner Berufung. Es war ein

neuer Ruf des Herrn, eine Berufung innerhalb der Berufung. Der Herr lud mich ein, nicht meinen Stand als Ordensfrau aufzugeben, sondern ihn abzuändern, damit er mehr dem Evangelium und dem missionarischen Geist, den er mir gegeben hat, entspräche. Es war eine Einladung, meine Berufung, die ich mit 18 Jahren verstanden hatte, zu vervollkommnen ... Es war eine klare, eindeutige Botschaft: Ich musste das Kloster verlassen und mit den Armen leben. Aber nicht mit irgendwelchen Armen. Er rief mich, den Verzweifelten zu dienen, den Ärmsten der Armen in Kalkutta; denen, die nichts und niemand haben; denen, die von allen gemieden werden, weil sie ansteckende Krankheiten haben und schmutzig sind, voller Mikroben und Parasiten; denen, die nicht umhergehen können, um Almosen zu erbetteln, weil sie nackt sind und nicht einmal einen Lumpen haben, den sie sich überziehen könnten, sodass sie unmöglich heraus können; denen, die nicht mehr essen können, weil sie durch den Hunger so geschwächt sind, dass sie nicht mehr die Kraft haben, die Speisen zu kauen; denen, die auf der Straße zusammenbrechen, die am Ende sind, gänzlich verzehrt, wissend, dass sie bald sterben werden; denen, die nicht mehr weinen, weil sie keine Träne mehr haben. Das waren die Menschen, die Jesus mir während dieser Reise zu lieben gebot (Mutter Teresa, zit. n. Schneider, 2011, S. 2).

Am 25. März 1993 verfasste Mutter Teresa einen Brief an ihre Ordensschwestern, worin sie ihre innige, „intime" Beziehung zu Jesus beschrieb, und woraus hervorgeht, wie stark und nachhaltig sie in ihr, über die Jahre hindurch, immer noch wirksam war:

> Für mich ist Jesu Durst etwas so Intimes, dass ich mich scheute, zu euch über den 10. September [1946; Anmerkung der Verfasserin] zu sprechen ... Es ist mir völlig klar, alles, was es in MC [Missionaries of Charity; Anmerkung der Verfasserin] gibt, ist nur da, um Jesu Durst zu stillen. Seine Worte, die sich an jeder Wand einer MC-Kapelle finden, gelten nicht nur für die Vergangenheit, sondern sind hier und jetzt lebendig, zu euch gesprochen ... Er verlangt nach euch, er vermisst euch, wenn ihr ihm nicht nahe seid ... Er liebt euch, auch wenn ihr euch unwürdig fühlt ... Ihr seid ihm kostbar (Mutter Teresa, zit. n. Neuner, 2001, S. 337).

Gründung der Missionarinnen der Nächstenliebe

Am 17. August 1948 verließ Mutter Teresa die Gemeinschaft der Loretoschwestern, um ihrer Berufung bei den Ärmsten zu folgen. 38-jährig legte sie die Nonnentracht ab und trug fortan die Kleidung einer einfachen bengalischen Frau bzw. die der Straßenkehrerinnen in Kalkutta, ein weißer Baumwollsari, gesäumt von drei blauen Streifen, und Sandalen. Die Farbe Blau symbolisierte die Verehrung der Gottesmutter. Nach einem medizinischen Grundkurs und nach achttägigen Exerzitien begann ihr Apostolat noch im selben Jahr in den Elendsvierteln Kalkuttas, und dort in dem Slum Motijhil. Schon ab 1949 folgten gleichgesinnte Frauen, vorwiegend ehemalige Schülerinnen, ihrem Vorbild und traten dem von ihr gegründeten Orden der „Missionarinnen der Nächstenliebe" bei. Bis 1950 wurde ein Team an freiwilligen Helfenden aufgebaut. Wurden Sterbende auf den Straßen vorgefunden, wurden sie aufgelesen und in Schubkarren in Krankenhäuser gebracht. Oftmals wurden die Sterbenden wegen Überfüllung abgewiesen. Sodann mietete Mutter Teresa Räumlichkeiten, um sie dort versorgen und ihnen ein Sterben in Würde ermöglichen zu können. Am 7. Oktober 1950 erklärte Papst Paul VI. die Missionarinnen der Nächstenliebe zur Kongregation der Diözese Kalkuttas. Mutter Teresa entschied sich für das „Unbefleckte Herz Mariens" als Ordenspatronat. Um die Bedürfnisse der Armen besser zu verstehen, verzichteten die Schwestern auf jeglichen Wohlstand. Mutter Teresa schrieb: „Die Missionarin muss jeden Tag sterben, wenn sie Seelen zu Gott bringen möchte. Sie muss dazu bereit sein, den Preis zu bezahlen, den Er für die Seelen bezahlte; den Weg gehen, den Er für die Seelen ging" (Schwarzer-Beig, 2016, S. 5). Die Nonnen vollbrachten ihr Werk also nicht *trotz* aller Herausforderungen, sondern gerade *wegen* dieser. Sie selbst verstand sich weder als Sozialarbeiterin noch als Bekämpferin der Armut, denn: „Ohne Leiden wäre unsere Arbeit nur Sozialarbeit, sehr gut und hilfreich, aber es wäre nicht das Werk Jesu Christi, nicht Teil der Erlösung" (Schwarzer-Beig, ebd.).

Hindus fühlten sich durch Mutter Teresas Aktivitäten in ihren religiösen Gefühlen bedroht

Zwischen 1946 und 1948 war in Indien per Verfassung das Recht auf freie Religionsausübung festgelegt, was den Anstoß gab, das Recht auf Missionierung zu diskutieren. Mutter Teresas eindeutig christlicher Auftrag war durch den Artikel 17 in der Verfassung gefährdet, denn dort hieß es, dass „Bekehrungen von einer Religion zur anderen durch Zwang oder ungebührlichen Druck nicht anerkannt" werden sollten. Christlichen Missionar*innen wurde daraufhin die Einreise in das Land erschwert, weil Hindus ihnen Bekehrung vorwarfen und sich in ihren religiösen Gefühlen verletzt sahen (Sammer, 2006, S. 23). Seit 1949 erlaubt die indische Verfassung die Freiheit des Religionsbekenntnisses und deren Ausübung und Propagierung: „Unter Beachtung der öffentlichen Ordnung, Moral und Gesundheit und der anderen Bestimmungen dieses Teils haben alle Personen das gleiche Recht auf Gewissensfreiheit, auf das Bekenntnis zu einer Religion und auf ihre Ausübung und Propagierung" (SWITCH, 2020, Art. 25, Abs. 1). 1951 wurde die Ordensgründerin indische Staatsbürgerin.

Auszeichnungen und Ehrungen

1965 erfuhr die Kongregation die päpstliche Anerkennung. 1979, die Kongregation hatte bereits weltweite Niederlassungen, bekam Mutter Teresa von Papst Johannes XXIII. in Oslo den Friedensnobelpreis verliehen. Weitere Auszeichnungen waren beispielsweise die Verleihung der Ehrendoktorwürde in Washington, Kanada und New Delhi, der Jawaharlal-Nehru-Preis in New Delhi und der Templeton-Preis in London. Mit dem Beginn des Pontifikats von Papst Johannes Paul II. 1978 erfuhr die Nonne große Würdigung und Unterstützung für ihr Werk. Darüber hinaus kam es durch Mutter Teresa zur Gründung zahlreicher Ordensgemeinschaften, etwa die „Missionsbrüder der Nächstenliebe" oder die „Kontemplativen Missionarinnen der Nächstenliebe" (Sammer, 2006, S. 122–123).

Leo Maasburg, geboren 1948 in Graz, begleitete Mutter Teresa als Priester und Ratgeber auf ihren Reisen. Nach ihrem Tod gehörte er jenem Team an, das Mutter Teresas Seligsprechung vorbereitete (RPP, 2020, o. S.). Sie nannte ihn „Father Leo". In seinem Buch „Mutter Teresa. Die wunderbaren Geschichten" (Maasburg, 2016), berichtet er unter anderem von ihrem gewinnenden Wesen, das eventuelle Vorurteile und Ressentiments ihr und ihrem Werk gegenüber rasch abzubauen vermochte. Ob reich oder arm, gläubig oder ungläubig, sie achtete jeden Menschen und war der „Herzensschau" von Menschen fähig (Maasburg, 2016, S. 109). Selbst dann, wenn sie während des Betens angesprochen wurde, fühlte sie sich nicht gestört, sondern von der Begegnung mit einem Mitmenschen beschenkt. Auf die Bewunderung eines Reporters ihr Wirken betreffend antwortete sie: „Wissen Sie, ich bin nur ein kleiner Bleistift in der Hand Gottes, eines Gottes, der gerade im Begriff ist, einen Liebesbrief an die Welt zu schreiben" (ebd., S. 15).

Jesus würde den Menschen erstens im Allerheiligsten und zweitens in den Ärmsten der Armen begegnen, so die Überzeugung von Mutter Teresa: „Was ihr für einen meiner geringsten Brüder getan habt, das habt ihr mir getan" (Deutsche Bibelgesellschaft, Mt. 25,45). Indem sie ihre Hand mit den fünf ausgestreckten Fingern hochhob, verwies sie auf fünf Worte, welche die Kernbotschaft des Evangeliums symbolisierten: „You did it to me" (Das habt ihr mir getan) (Maasburg, 2016, S. 53).

Mutter Teresa durchlebte selbst unvorstellbares psychisches Leid durch die schmerzerfüllte Erfahrung der unerwiderten Sehnsucht nach Gott. Diese Seelenqual beschrieb sie als „furchtbares Gefühl der Verlorenheit" und „unbeschreibliche Dunkelheit" (Schwarzer-Beig, 2016, S. 5–6). Die Einsicht, dass diese Erfahrung ein wesentlicher Bestandteil des Hineingenommen-Seins in das Leiden Christi am Kreuz war, half ihr trotz immenser Zweifel, ihr Werk diszipliniert fortzuführen. Viele Mystiker kennen die Erfahrung der „dunklen Nacht". Sie ist die Begegnung mit dem Geheimnis Gottes, jenseits des menschlichen Erkennens und Fühlens, „[…] und doch Urgrund allen Lebens und letzte Heimat alles Geschaffenen" (Neuner, 2001, S. 5).

Innerhalb von sechs Jahren eröffnete Mutter Teresa in Indien 16 neue Häuser, die sie als „Tabernakel für Jesus" bezeichnete (Schwarzer-Beig, 2016, S. 6), darunter auch das Waisenhaus „Nirmala Shishu Bhavan" und das Leprazentrum in Titagarh. Bis zu ihrem Tod 1997 eröffnete sie 594 Häuser in 120 Ländern (ebd.). Nach Mutter Teresa stand dem Orden von 1997–2009 die in Neapel gebürtige und hinduistisch gläubige Schwester Nirmala Joshi, 1934–2015, der Gemeinschaft als Generaloberin vor. Sie wurde von Schwester Mary Prema Pierick, 1953 in Deutschland geboren, abgelöst.

Tod, und Selig- und Heiligsprechung

Wegen einer Herzinsuffizienz wurde Mutter Teresa 1989 ein Herzschrittmacher eingepflanzt. 1997 übernahm Schwester Nirmala Joschi die Ordensleitung und noch im selben Jahr reiste Mutter Teresa nochmals in den Vatikan, wo sie ein letztes Mal mit Papst Johannes Paul II. zusammentraf, ehe sie am 5. September 1997 87-jährig in Kalkutta starb. Neben einer Million trauernder Menschen wohnten Hunderte Regierungschefs und Vertreter verschiedener Religionen dem Staatsbegräbnis in Kalkutta bei. Nach dem kürzesten Seligsprechungsverfahren der Neuzeit, erst sechs Jahre nach ihrem Tod, sprach Johannes Paul II. Mutter Teresa am 19. Oktober 2003 in Rom selig. Ungeachtet der Kritiken an Mutter Teresa und ihrem Werk sprach Papst Franziskus, geboren 1936, Mutter Teresa am 4. September 2016 heilig. Seitens der katholischen Kirche wurde der 5. September zum Gedenktag an Mutter Teresa erklärt.

Kritiken

Durch die Veröffentlichung vertraulicher Briefe und privater Aufzeichnungen Mutter Teresas durch den Postulator des Seligsprechungsprozesses wurde die Öffentlichkeit 2007 von der jahrzehntelangen seelischen Einsamkeit und von ihrem Zweifel über die Existenz Gottes informiert. Die Tätigkeit der „Missionarinnen der Nächstenliebe" geriet 2013 als Folge einer kritischen Darlegung der Nonnenarbeit durch kanadische Forschende in den Fokus öffentlicher Kritiken. Bemängelt wurde beispielsweise die unzureichende Hygiene in den Armenhäusern des Ordens sowie Fehler in der medizinischen Behandlung der Erkrankten (Medienreferat der Österreichischen Bischofskonferenz, 2020, o. S.).

Kritiker, insbesondere der Autor Christopher Hitchens und der Filmproduzent Tariq Ali, die 1994 einen Dokumentarfilm über Mutter Teresa mit dem Titel „Hell's Angel: Mother Teresa" (Höllenengel) (Ali, 1994) drehten, warfen der Ordensgründerin religiösen Fundamentalismus, Eitelkeit und Ignoranz gegenüber den Ursachen des Elends vor. Anstatt sich für die Bekämpfung der Wurzeln der Armut einzusetzen, habe sie nur die Symptome kuriert und zur Schaffung eines „Todes- und Leidenskults" beigetragen (Brauer, 2016, o. S.). Auch der 1958 in Kalkutta geborene Arzt Aroup Chatterjee, Autor des Buches „Mother Teresa: The Untold Story" (2016), stellt ihre selbstlose Menschenliebe infrage.

Kalkutta – die Stadt und ihre Einwohnenden

Die Stadt und die Einwohnenden

Kalkutta steht wie kaum eine andere Stadt für den Gegensatz zwischen prunkvollem britischem Kolonialismus und extremer Armut. Bis 1911 war die Stadt Hauptstadt der Kolonie Britisch-Indien. Als Indiens Hauptstadt 1911 nach Delhi verlegt wurde, fand die glorreiche Zeit ein Ende. Seit dem 15. August 1947, dem Tag der Unabhängigkeit Indiens, ist Kalkutta die Hauptstadt des Bundesstaates Westbengalen (ZUKI, 2020, o. S.). Der koloniale Name Kalkutta wurde erst 2001 offiziell abgeschafft. Das Stadtbild ist von prunkvollen Bauten und ebenso von Slums geprägt (Mauer, 2017, o. S.).

Fläche

Nach Russland, Kanada, den USA, China, Brasilien und Australien ist Indien mit einer Fläche von 3.287.263 km² das siebtgrößte Land der Erde (Statista, 2020a, o. S.)

Bevölkerungsstruktur, Lebenserwartung und Fertilitätsrate

Indien ist nach China der bevölkerungsreichste Staat der Erde, gefolgt von den USA, Indonesien, Brasilien, Pakistan, Nigeria und Bangladesch (Statista, 2020b, o. S.). 2012 bestand die Gesamtbevölkerung Indiens aus 1.23 Milliarden Einwohnenden und stieg bis 2020 auf 1.37 Milliarden Menschen. Bis 2024 wird ein Bevölkerungszuwachs auf rund 1,44 Milliarden Menschen erwartet (Statista, 2020c, o. S.). Kalkutta gehört zu den 20 bevölkerungsreichsten Städten[1] der Welt. 2018 lag die Metropole auf Platz 16. Noch höhere Einwohnerzahlen weisen beispielsweise die Megacitys Tokio, Delhi, Shanghai, Mumbai, Peking und Istanbul auf. Von den Städten Indiens ist Kalkutta mit 14,06 Millionen Einwohnenden, nach Mumbai und Delhi, die drittgrößte Stadt Indiens (Statista, 2020d, o. S.). 2018 waren rund 27,4 % der Bevölkerung Indiens zwischen 0 und 14 Jahre alt, rund 66,4 % zwischen 15 und 64 Jahre und rund 6,2 % 65 Jahre und älter (Statista, 2020e, o. S.). In Indien leben ca. 451.990.000 Kinder. Das Land weist die höchste Kinderbevölkerung weltweit auf (ECPAT Österreich, o. J., o. S.).

Lebenserwartung und durchschnittliches Lebensalter

Die Lebenserwartung lag 2013 bei 67,93 Jahren und war, trotz merklicher Anstiege in den letzten Jahren, 2018 mit 69,42 Jahren immer noch niedrig (Statista, 2020f, o. S.). Das durchschnittliche Lebensalter der Bevölkerung lag 2010 bei 25,1 Jahren und 2020 bei 28,4 Jahren, womit Indiens Bevölkerung im Vergleich zu den wichtigsten Industrie- und Schwellenländern das geringste Durchschnittsalter aufweist (Statista, 2020g, o. S.).

Fertilitätsrate

2013 lag die Fertilitätsrate, das ist die durchschnittliche Anzahl der Kinder, die eine Frau während des gebärfähigen Alters zur Welt bringt, bei 2,38 Kindern. 2018 ist diese Rate auf 2,22 Kinder gesunken (Statista, 2020h, o. S.).

Kindersterblichkeit und Ursachen

Neben Nigeria, Pakistan, der Demokratischen Republik Kongo und China zählt Indien zu den Ländern mit der höchsten Kindersterblichkeit überhaupt. Krankheiten wie Lungenentzündung und Mala-

---

[1] Gemäß Statista (2020d) zählen Städte mit mehr als 10 Millionen Einwohnenden zu den bevölkerungsreichsten der Welt.

ria, Durchfallerkrankungen sowie die chronische Unter- bzw. Mangelernährung gelten als häufigste Todesursachen (Statista, 2020i, o. S.). Die Entwicklung der Kindersterblichkeit[2] pro 1.000 Lebendgeburten lag in Indien 2013 bei 49,1 % und sank bis 2018 auf 36,6 % (Statista, 2020i, o. S.).

Sexuelle Gewalt

Gewalt gegen Frauen ist tief in der indischen Gesellschaft verwurzelt, quer durch alle Klassen, Kasten und Religionsgemeinschaften. Viele Männer glauben, das Recht zu haben, über die weibliche Sexualität zu bestimmen. Viele Frauen glauben, dass sie nicht das Recht haben, sich zu wehren (Petersmann, 2012, o. S.).

Den amtlichen Statistiken zufolge wurden 2017 in Indien 33.000 Vergewaltigungen gemeldet, darunter mehr als 10.000 Vergewaltigungen von Minderjährigen (Ghosh, 2019, o. S.). Die Menschenrechtsorganisation „Human Rights Watch" führt hier etwas niedrigere Zahlen an und geht davon aus, dass in Indien jährlich 7.200 Minderjährige eine Vergewaltigung erleben (Human Rights Watch, 2020, o. S.; Pandey, 2013, o. S.) oder Opfer von Menschenhandel oder Prostitution werden (Calderwood, 2019, o. S.). Zu befürchten ist jedoch, dass die Dunkelziffer noch viel höher liegt, da nach den Angaben von Expertinnen und Experten viele Opfer aus Angst vor einer Stigmatisierung auf eine Anzeige verzichten (Ghosh, 2019, o. S.).

Die lebensgefährliche und traurige Realität für Mädchen und Frauen

Ein achtjähriges Mädchen wurde 2018 entführt und in ein Dorf im Bundesstaat Jammu verschleppt, wo es fünf Tage lang in einem hinduistischen Tempel gefangen gehalten, wiederholt vergewaltigt und schließlich erwürgt wurde. Das Opfer war muslimische Nomadin, die Täter waren Hindus (Tonight News, 2019, o. S.). 2019 vergewaltigten, würgten und köpften zwei Männer ein dreijähriges

---

[2] Der Begriff „Kindersterblichkeit" definiert die Wahrscheinlichkeit eines Kindes, vor dem fünften Lebensjahr zu sterben, bezogen auf 1.000 Lebendgeburten (Statista, 2020, o. S.).

Mädchen (The Indian Express, 2020, o. S.). Vergewaltiger töten oftmals die Frauen nach der Tat. Wenn das Opfer überlebt, steht es völlig allein da, weil es von der Familie verstoßen wird (Klein, 2018, o. S.).

Eine 23-jährige Inderin fasste Mut, nachdem sie von mehreren Männern vergewaltigt worden war, und erstattete Anzeige. Monate später und auf dem Weg zum Gerichtstermin wurde sie von fünf Männern überfallen, darunter waren auch die Vergewaltiger. Sie übergossen ihr Opfer mit Kerosin und zündeten es an. 95 % der Haut waren verbrannt, die Funktion der Luftröhre und der Lungen war infolge der eingeatmeten heißen giftigen Gase stark beeinträchtigt. Die Frau starb schließlich an einem Herzinfarkt (Ghosh, 2019, o. S.).

Jyoti Singh ist die weltweit bekannt gewordene indische Physiotherapie-Studentin, die 2012 zu Tode kam, weil sie von sechs Männern in einem Bus in Neu-Delhi eine Stunde lang vergewaltigt und mit einer Eisenstange derart brutal traktiert wurde, dass die Eingeweide aus dem Unterleib traten. Danach wurden sie und ihr bewusstlos geschlagener Freund schwer verletzt aus dem fahrenden Bus geworfen. Diese Gruppenvergewaltigung löste mehrtägige Proteste in vielen indischen Städten aus und wurde medial weltweit und intensiv aufgegriffen. Der Hauptangeklagte wurde 2013 tot in seiner Gefängniszelle aufgefunden. Vier Täter wurden 2020 hingerichtet. Ein weiterer Täter war zum Tatzeitpunkt minderjährig und wurde zu einer dreijährigen Jugendstrafe verurteilt, die er 2015 vollständig verbüßt hatte. Obwohl das Opfer nackt und blutend auf der Straße lag, dauerte es 20 Minuten, bis jemand bereit war, zu helfen, so der Freund des Opfers (Petersmann, 2012, o. S.). Der britische Dokumentarfilm „India's Daughter" erzählt Jyotis Geschichte und wurde in Indien zum Symbol für den Umgang mit dem notorisch ignorierten Thema Gewalt gegen Frauen. 2015 wurde die Ausstrahlung der Dokumentation via TV und YouTube verboten (Bartels, 2015, o. S.). Kurz vor ihrem Tod entschuldigte sich Jyoti noch bei ihrer Mutter für all die Sorgen, die sie ihr bereitet hatte: „Sorry, Mummy. I gave you so much trouble. I am sorry" (The Indian Express, 2020, o. S.).

Thomson-Reuter-Studie, Human Rights Watch

Gemäß der Thomson-Reuters-Studie gehört Indien nach Afghanistan, der Demokratischen Republik Kongo und Pakistan zu den gefährlichsten Ländern im Hinblick auf die sexuelle Gewalt gegenüber Frauen. Demnach werden in Indien täglich mehr als 100 Vergewaltigungen bei der Polizei angezeigt. In den Jahren von 2007 bis 2016 ist die Zahl um 83 % gestiegen. Die Dunkelziffer dürfte noch weit höher liegen (Thomson Reuters Foundation, 2018, o. S.).

Laut der Menschenrechtsorganisation „Human Rights Watch" stehen Vergewaltigungsopfer in Indien vor erheblichen Hindernissen beim Zugang zur Justiz. Obwohl nach indischem Recht eine Haftstrafe von einem Jahr bis zwei Jahre droht, wenn Polizisten eine Anzeige wegen sexueller Übergriffe nicht aufnehmen, weigern sich diese dennoch häufig, eine schriftliche Ersterfassung zu erstellen, auf deren Basis polizeiliche Ermittlungen eingeleitet werden. Hingegen werden die Familien der Opfer zu einer Einigung oder einem Kompromiss gedrängt, insbesondere, wenn die beschuldigte Person einflussreich ist. Erschwerend kommt hinzu, dass die Opfer während der Gerichtsverfahren eine mangelhafte Gesundheitsversorgung, psychologische Beratung und Rechtshilfe erhalten. Die Direktorin der Süd-Asien-Abteilung von Human Rights Watch, Meenakshi Ganguly, beobachtete die Umsetzung der geforderten Reformen im indischen Strafrecht nach einer brutalen Gruppenvergewaltigung in Neu-Delhi 2012: „Heute gibt es stärkere Gesetze und Richtlinien, doch es muss noch viel getan werden, damit Polizei, Ärzte und Gerichte die Opfer mit Würde behandeln" (Human Rights Watch, 2017, o. S.; Dittrich, 2013, o. S.). Seit dieser Gewalttat sind die Anzeigen deutlich gestiegen, was Ausdruck dafür ist, dass indische Frauen stärker werden, wenn es um den Schutz ihrer Personenwürde geht.

Die Situation der Kinder

Laut Schätzungen leben allein in Kalkutta 300.000 Straßenkinder (ZUKI, 2020, o. S.).

Der Impfschutz indischer Kinder ist einer der niedrigsten weltweit, die Zahl der untergewichtigen Kinder dagegen weltweit eine der höchsten (Vesper, 2015, o. S.). „Jährlich verschwinden in Indien

40.000 Kinder", so Ranjana Kumari, Präsidentin der Frauenorganisation „Women Power Connect" in Neu-Delhi und Koordinatorin des südasiatischen Netzwerks gegen Menschenhandel (Möhring, 2013, o. S.).

Jungen und Mädchen verschwinden quasi über Nacht. Sie werden sexuell ausgebeutet, als Kindersklaven vermittelt. Andere arbeiten in Fabriken oder werden von Mafiabanden zum Betteln auf die Straße geschickt (Breyer, 2019, o. S.). Weil behinderte Kinder beim Betteln mehr Geld bekommen, werden sie sogar verstümmelt (Möllhoff, 2016, o. S.).

Kinderhandel wird durch die große Armut, der die Menschen zu entkommen versuchen, durch Gesetzeslücken, fehlende Rechtssicherheit und durch die Benachteiligung ganzer Bevölkerungsgruppen begünstigt. Die SOS-Kinderdörfer setzen eine Vielzahl an Maßnahmen gegen Kinderhandel in Indien ein, so auch in Kalkutta (Breyer, 2019, o. S.), etwa durch das Projekt „SOS-Familienstärkung", das Familien bei der Armutsbekämpfung unterstützt. Das Ziel liegt darin, dass sie ihre Kinder nicht weggeben müssen, sondern aus eigener Kraft versorgen können (SOS-Kinderdorf, o. J., o. S.).

Lebensgefahr im Straßenverkehr

Laut des globalen Berichts über Straßensicherheit der WHO (2018, S. 5–8) sind Verkehrsunfälle weltweit mittlerweile die häufigste Todesursache für Kinder und junge Erwachsene im Alter zwischen 5 und 29 Jahren. An der Erstellung des globalen Berichts über Straßensicherheit der WHO beteiligten sich 2018 175 von den weltweit anerkannten 195 Ländern. Davon zählen 49 Staaten zu den Ländern mit einem hohen Einkommensniveau, 98 zu Ländern mit einem mittleren Einkommen und 28 als einkommensschwache Länder. In einem ersten Schritt sandte die WHO Fragebögen an regionale und nationale Datenkoordinatoren, die von der WHO für einzelne Regionen bzw. Länder benannt wurden. Diese koordinierten die Datenzusammenstellung in den einzelnen Ländern. Basierend auf der gemeldeten Zahl der Verkehrstoten wurden durch die WHO Anpassungen vorgenommen, um eine Vergleichbarkeit trotz unterschiedlicher Definitionen und Unterschiede in der Datengüte herzustellen. Die geschätzte Zahl von Todesfällen wird in der Statistik zusammen mit der offiziell gemeldeten Zahl dargestellt (Randelhoff, 2019, o. S.).

2016 gab es in Indien 150.785 offiziell gemeldete und 299.091 geschätzte Verkehrstote, 22,6 Opfer kamen auf 100.000 Einwohnende. Im Vergleich dazu lag die Zahl der Verkehrstoten 2016 in Österreich bei 432, die Zahl der geschätzten Toten lag bei 452, das waren 5,2 Opfer auf 100.000 Einwohnende. In Deutschland wurden 3.206 Tote gemeldet, die Zahl der geschätzten verunglückten Verkehrsteilnehmenden lag bei 3.327, das entspricht 4,1 Opfern auf 100.000 Einwohnende. In Indien besteht auf allen Straßen eine national geltende Helmpflicht, sowohl für die Lenkenden von motorisierten Zweirädern wie Motorräder oder -roller als auch für die Mitfahrenden. Die Mitnahme von Kindern jeden Alters ist erlaubt. Die tatsächliche Tragequote von Helmen liegt allerdings bei unter 10 % (WHO, 2018, S. 39). Eine generelle Kindersitzpflicht gibt es nicht (ebd., S. 43), jedoch eine Gurtpflicht (ebd, S. 41).

Die Armut der Bevölkerung

Indien zählt zur Gruppe der wichtigsten aufstrebenden Schwellenländer (BRIC-Staaten: Brasilien, Russland, Indien und China). Mit einem prognostizierten Bruttoinlandsprodukt von rund 2,72 Billionen US-Dollar für 2018 (Statista, 2020j, o. S.) belegt das Land nach den USA, China, Japan, Deutschland, Großbritannien und Frankreich Rang 7 der größten Volkswirtschaften der Welt (Statista, 2020k, o. S.). Trotz des wirtschaftlichen Aufschwungs im Land gelten ca. 70 % der Bevölkerung als arm (UNICEF Österreich, o. J., o. S.). Am stärksten unter der Armut in Indien leiden die schwächsten Mitglieder der Gesellschaft, das sind Frauen und Kinder. Zwei Drittel der Menschen in Indien müssen mit weniger als 2 US-Dollar pro Tag auskommen. Über 30 % haben sogar weniger als 1,25 US-Dollar pro Tag zur Verfügung (SOS-Kinderdörfer weltweit, o. J., o. S.).

75 % der Haushalte verdienen weniger als 5.000 Rupien im Monat, was umgerechnet etwa 70 Euro entspricht. Die Armutsgrenze

liegt bei 35 Rupien, das sind rund 50 Cent, pro Tag und Person in der Stadt (Vesper, 2015, o. S.).

Auch bei der Unterernährung besetzt Indien einen der traurigen Spitzenplätze: Mehr als 200 Millionen Menschen sind nicht ausreichend mit Nahrung und Trinkwasser versorgt, davon 61 Millionen Kinder. Bei 7,8 Millionen Säuglingen wird schon bei der Geburt ein zu geringes Gewicht unter 2.500 Gramm festgestellt; erschreckende Zahlen für ein Land, das gemeinhin als Schwellenland bezeichnet wird. 2020 war Mukesh Ambani mit 36,1 Milliarden US-Dollar der reichste Mann Indiens, gefolgt von Radhakishan Damani mit 13,2 Milliarden (Statista, 2020l, o. S.).

Bildung

2011 lag der Grad der Alphabetisierung der Gesamtbevölkerung Indiens bei insgesamt 69,3 %, davon waren 78,88 % Männer und 59,28 % Frauen. 2015 konnten 80,94 % der Männer und 62,98 % der Frauen lesen und schreiben (Statista, 2020m, o. S.). Indien kämpft mit einer hohen sozialen Ungleichheit innerhalb des Landes, was sich vor allem auf Kinder, ihre gesundheitliche Situation und auf ihre Bildungsmöglichkeiten stark auswirkt (ECPAT Österreich, o. J., o. S.). 2020 wies Kalkutta eine hohe Analphabetenrate auf: sie liegt bei Männern bei 16,2 %, bei Frauen bei 22,7 % (ZUKI, 2020, o. S.). Nach Angaben der UNICEF (2016, o. S.) haben rund 25 % der Kinder in Indien keinen Zugang zu Bildung. Dabei liegt die Anzahl der vom Schulbesuch ausgeschlossenen Kinder bei den Mädchen höher als bei den Jungen. Obwohl Frauen und Männer nach dem indischen Gesetz gleichgestellt sind, gelten Mädchen und Frauen vor allem in den unteren sozialen Kasten als minderwertig und werden von ihren Vätern, Brüdern und Ehemännern unterdrückt. Ohne Bildung ist die Chance auf eine existenzsichernde Arbeitsstelle praktisch aussichtslos, das Leben in Armut in Indien somit vorprogrammiert.

Der Islam

Die fünf Pfeiler

Das arabische Wort „Allah" bedeutet wörtlich „Gott". Der Islam vertritt einen reinen Monotheismus und ein theozentrisches Weltbild. Polytheismus und das Konzept der Trinität, die Dreifaltigkeit, wird als Widerspruch zum Islam gedeutet.

Der Letzte und Wichtigste der Propheten ist Mohammed, 570–632 n. Chr., der, anders als Jesus Christus, nicht als Gottheit verehrt wird. Daher lehnen muslimisch Gläubige auch die Fremdbezeichnung „Mohammedaner" ab. Engel werden im Islam als Diener Gottes angesehen. Sie gelten als geschlechtslose, aus Licht erschaffene Wesen, die weder menschliche Eigenschaften noch Bedürfnisse besitzen. Der Islam kennt die meisten der biblischen Propheten und bezieht sich ebenso wie Juden und Christen auf Abraham als Begründer der monotheistischen Religion (Oster & Benali, 2019, o. S.).

Fünf religiöse Pflichten, die „Pfeiler", bestimmen das Leben von muslimisch Gläubigen. Sie sind im Koran, der als die wörtliche Offenbarung Allahs gilt und aus dem Muslim*innen ihr Selbstverständnis beziehen, festgelegt. Im Jahr 610 erschien ihm in der Höhle „Gar Hira" bei Mekka der Erzengel Gabriel. Weil Mohammed ein Analphabet war, zitierte ihm ein Engel die Worte Gottes. Nach anfänglicher Verunsicherung nahm Mohammed seine Berufung zum Propheten an und begann, von der Güte Gottes zu predigen. Im Laufe von 22 Jahren empfing er in der Höhle „Gar Hira" bei Mekka wiederholt Offenbarungen. Er gab diese aus dem Gedächtnis wieder, damit Muslim*innen seine Worte auf Leder, Holz, Pergament, Palmblättern, Seidenstücken, gebleichten Schulterknochen usw. niederschreiben konnten. Schließlich wurden sie in Form von 114 Suren und 6.219 Verse, „Ayat", im Koran geeint (Terhart & Schulze, o. J., S. 98–99).

Den *ersten Pfeiler* definiert das Zeugnis des Glaubens, „Schahāda", wonach es keine andere Gottheit außer Gott gibt und Mohammed sein Prophet ist. An Freitagen versammeln sich die Gläubigen zum

Mittagsgebet in der Moschee, wo sie in Reihen nebeneinander beten, ungeachtet ihrer gesellschaftlichen Stellung. „Denen, die ungläubig sind, wird Gott nicht vergeben", heißt es in Sure 47,3 (Koransuren, o. J., o. S.), weshalb ein Austritt aus der Religionsgemeinschaft nicht vorgesehen ist.

Der *zweite Pfeiler*, „Salât", verpflichtet zum Gebet zu bestimmten Tageszeiten, dem eine rituelle Reinigung vorausgehen muss. Dabei werden die Hände, Arme, Ellbogen, das Gesicht, die Ohren und Füße sowie die Haare mit Wasser benetzt. Das Gebet erfolgt in arabischer Sprache und mit der Ausrichtung des Körpers nach Mekka. Von der Spitze eines Minaretts erinnert ein „Rufer", der „Muezzin", an die fünfmalige Gebetspflicht bei Sonnenaufgang, mittags, nachmittags, bei Sonnenuntergang und nachts (Terhart & Schulze, o. J., S. 111).

Das Fasten im Monat Ramadan ist im *dritten Pfeiler* vorgeschrieben. Im neunten Monat des muslimischen Mondkalenders erhielt der Prophet Mohammed seine ersten Offenbarungen, die im Koran festgelegt wurden. Seither gilt dieser Monat als der Fastenmonat Ramadan, in dem sich die Gläubigen durch Fasten vor Gott „leer machen" sollen (Terhart & Schulze, o. J., S. 95–97). Alljährlich verschiebt sich das Datum des Ramadans um zwei Wochen, weil der islamische Kalender in 12 Monaten dem Lauf des Mondes folgt. Je nach Mondphase ist ein Jahr zehn oder elf Tage kürzer als im gregorianischen Sonnenkalender und ein Monat dauert 29 oder 30 Tage (Terhart & Schulze, o. J., S. 81).

Kinder unter 12 Jahren, Schwangere, Stillende, Menstruierende, Reisende, Profisportlerinnen und Profisportler sowie Kranke sind vom Fasten befreit. Für alle anderen muslimisch Gläubigen ist das Einhalten der Fastenregeln verbindlich. Wem es möglich ist, die versäumten Tage des Fastens nachzuholen, soll dies tun (Bosen, 2019, o. S.). Stellvertretend für Kranke können gesunde Familienangehörige das Fasten übernehmen. Kranke muslimischen Glaubens geraten innerhalb ihres Wertesystems oftmals in einen Wertekonflikt, weil ihre Gesundheit krankheitsbedingt und infolge strengen Fastens gefährdet ist und sie sich zur Aufrechterhaltung ihrer Gesundheit verpflichtet fühlen. Im Falle schwerer Krankheit wird mitunter ein Imam, das ist ein Experte für die Auslegung des

Korans, eingebunden, um über die Fastenfolgen bei bestimmten Krankheiten aufzuklären. Einige Medikamente und Behandlungen sind für Fastende im Rahmen des islamischen Glaubens erlaubt, beispielsweise Spritzen und Injektionen, Bluttests, Cremes und Applikationen, die über die Haut wirken. Auch das Gurgeln von flüssigen Arzneimitteln ist erlaubt, sofern nichts verschluckt wird. Die Applikation von Ohren- und Nasentropfen, Zäpfchen und Einläufe sowie zu inhalierende Medikamente kämen einem Fastenbrechen gleich (Bose & Terpstra, 2012, S. 28–29).

Während dieser 29- oder 30-tägigen Fastenzeit darf zwischen Sonnenaufgang und Sonnenuntergang weder gegessen, getrunken, geraucht noch Kaugummi gekaut werden, auf sexuelle Kontakte ist zu verzichten. Musliminnen sind bestrebt, tagsüber mit sich und ihren Menschen ins Reine zu kommen, Hilfsbedürftige erhalten Almosen (Klinik Hirslanden Pflegedienst, o. J., S. 50). Bei Sonnenuntergang und beim Ruf des Muezzin von der Moschee wird das Fastenverbot täglich aufgehoben. Dann treffen sich die Familien, um gemeinsam eine Mahlzeit einzunehmen. Der Ramadan endet mit dem Fastenbrechen, das ein großes Fest darstellt (Terhart & Schulze, o. J., S. 96).

„Zakāt", die gelebte Barmherzigkeit, bildet den *vierten Pfeiler*. Das ist die Pflicht, Arme und Bedürftige finanziell zu unterstützen. Sich mit seinen Spenden vor anderen zu rühmen, macht die gute Tat wieder zunichte (Terhart & Schulze, o. J., S. 97).

Der *fünfte Pfeiler*, „Haddsch", ist die Wallfahrt nach Mekka, die traditionell im letzten Monat des islamischen Jahres erfolgt und die alle Gläubigen einmal im Leben realisieren sollen. Als Zeichen an den Glauben an die Auferstehung hüllen sich die Pilgernden in weiße Tücher, um soziale Unterschiede nicht zu zeigen, da vor Gott alle gleich sind (Oster & Benali, 2019, o. S.). Aus demselben Grund bleiben die Köpfe der Pilgernden unbedeckt (Schmidt, 2019, o. S.). Gemeinsam umrunden die Gläubigen die „heilige Kaaba", ein fensterloses Gebäude aus schwarzem Brokat, das an der Außenwand mit in Gold bestickten Versen verziert ist (Terhart & Schulze, o. J., S. 97).

Schlachten und Schächten

Beim Schächten handelt es sich um eine alt-orientalische Schlachtform (Staigner, 2006, S. 9). Unter „islamischer Schlachtung" versteht man das rituelle und betäubungsmittelfreie Schlachten von Tieren, das „Schächten", gemäß den Gesetzen des Korans, damit es zum Verzehr geeignet ist. In Sure 5, Vers 3 des Korans ist lediglich vorgeschrieben, dass die Tiere geschächtet, also ausgeblutet werden müssen. Es gibt keinen Hinweis darauf, dass das Betäuben der Tiere verboten ist (Koransuren, o. J., o. S.).

Vor der Schlachtung soll dem Tier Wasser gereicht werden. Erst wenn es entspannt ist, wird der tödliche Schnitt durchgeführt. Ein Tier an einem Ort zu schlachten, wo es andere Tiere sehen oder hören können, ist verpönt. Voraussetzung zum Schlachten eines Tieres ist, dass es für die Speise erlaubt ist (Dinter, 2016, o. S.).

Das arabische Wort „halal" kann mit „rein" und „erlaubt" übersetzt werden. Ist ein Lebensmittel „halal", entspricht es muslimischen Speisevorschriften. Damit Halal-Fleisch den muslimischen Speisevorschriften entspricht, ist es außerdem wichtig, dass die Augen des Tieres bei der Schlachtung nach Mekka sehen. Als halal gilt das Fleisch von pflanzenfressenden Tieren, etwa jenes von Hühnern, Rindern oder Schafen. Der Schächter muss vor der Tötung des Tieres den Namen „Allah" aussprechen. Auf Basis einer entsprechenden Ausbildung und mit einem einzigen Schnitt werden die Speise- und Luftröhre des Tieres, ebenso die beiden Hauptschlagadern und Vagus-Nerven, durchschnitten. Der todbringende Schnitt muss mit einem eisernen und scharfen Messer erfolgen. Der Tod des Tieres tritt nach 3–4 Sekunden ein. Das geschlachtete Tier muss rückstandslos ausbluten, weil es einer Muslimin/einem Muslim untersagt ist, das als unrein geltende Blut zu sich zu nehmen. Hierzu wird das getötete Tier vom Fleischer mit dem Kopf nach unten an einem Haken aufgehängt (Brandenberg, 2016, o. S.).

Ein Großteil der Tiere erlebt im Zuge einer Schächtung jedoch „einen qualvollen, minutenlangen Todeskampf, der mit unerträglichen Qualen verbunden ist" (Europäisches Parlament, 2019, o. S.).

„Provieh", ein deutscher Tierschutzverein für Nutztiere, fordert daher eine schmerzfreie Schlachtung aller Tiere, der eine angemessene Betäubung vorausgehen muss. Keinem Tier dürfen unnötig Schmerzen zugefügt werden. Der Verein verweist auf Quellen, in denen die allmähliche und äußerst qualvolle Schächtung von Tieren in einzelnen Schritten beschrieben wird. Zuerst wird die Haut, dann werden die oberflächlichen Muskeln, in weiterer Folge die unterhalb des Kehlkopfes gelegene Luft- und Speiseröhre, zudem die daneben liegenden Nerven sowie die beiden Halsschlagadern mit einem einzigen Schnitt durchtrennt. Am Hals entsteht eine einzige klaffende blutende Wunde. Nahrungsreste werden von den gequälten Tieren erbrochen. Blut gelangt in die Lungen, Atemnot und Erstickungsattacken folgen. Während des Ausblutens sind die Tiere nachgewiesenermaßen noch bei vollem Bewusstsein, sie empfinden Schmerzen und Todesfurcht (Provieh, 2004, S. 4–5).

Einige islamische Rechtsgelehrte akzeptieren die Betäubung vor der Schlachtung aus Tierschutzgründen, sofern die anschließende Tötung korankonform durchgeführt wird (Dinter, 2016, o. S.).

Der Import von Fleisch geschächteter Tiere ist erlaubt, bezüglich der Schächtung gibt es keine EU-weit einheitliche Regelung. Das Fleisch geschächteter Tiere muss auch nicht entsprechend gekennzeichnet werden (Havlat, 2020, o. S.).

In vielen europäischen Ländern wie zum Beispiel in den Niederlanden, in Schweden, Dänemark, Polen und Liechtenstein ist das Schächten ohne Betäubung bereits verboten. In Österreich und Deutschland ist die Schächtung von Tieren grundsätzlich verboten.

Das Österreichische Tierschutzgesetz (2010, § 32) regelt die Schlachtung oder Tötung von Tieren wie folgt:
(1) Unbeschadet des Verbotes der Tötung nach § 6 darf die Tötung eines Tieres nur so erfolgen, dass jedes ungerechtfertigte Zufügen von Schmerzen, Leiden, Schäden oder schwerer Angst vermieden wird.
(2) Die Schlachtung, Tötung, Verbringung, Unterbringung, Ruhigstellung, Betäubung und Entblutung eines Tieres darf nur durch Personen vorgenommen werden, die dazu die notwendigen Kenntnisse und Fähigkeiten besitzen.

(3) Das Schlachten von Tieren ohne Betäubung vor dem Blutentzug ist verboten.

Die Europäische Kommission ist jedoch der Auffassung, dass die EU-Rechtsvorschriften das Gleichgewicht zwischen dem Tierschutz und der in Artikel 10 der Charta der Grundrechte der Europäischen Union verankerten Religionsfreiheit (Council Regulation EC Nr. 1099/2009) angemessen widerspiegeln (Verordnung EG Nr. 1099 DES RATES, 2009, S. 1).

Sterben

Muslimische Sterbende werden nicht allein gelassen. Angehörige führen für den Sterbenden religiöse Riten durch und begleiten betend den Übergang vom Diesseits ins Jenseits. Muslime in Todesnähe dürfen nicht dürsten, weshalb die oftmalige Benetzung der Mundschleimhaut bedeutsam ist. Menschen in Todesnähe sollen überdies in Richtung Mekka blicken, einen Finger zum Himmel heben und das muslimische Glaubensbekenntnis, die „Schahāda" beten: „Es gibt keine Gottheit außer den einen Gott und Mohammad ist sein Gesandter" (Bakar, 2020, o. S.). Kann das Gebet nicht selbst gesprochen oder der Finger nicht gehoben werden, übernehmen das die Angehörigen, andere Muslim*innen und ein Imam, ein Vorbeter. Vor dem letzten Atemzug sollen die Augen der Sterbenden langsam geschlossen und dabei ein Gebet gesprochen werden (Urban, 2014, S. 62–63).

Der Umgang mit dem Leichnam

Nach Eintritt des Todes werden die Hände der/des Verstorbenen über dem Oberkörper gekreuzt, die Augenlider geschlossen und das Kinn mit einem Stück Stoff festgebunden. Der Leichnam wird in drei bis fünf Stoffbahnen gehüllt. Ehestens, entweder am selben oder am nächsten Tag, soll die Ganzwaschung stattfinden. Bei der Waschung, die von einer Person desselben Geschlechts durchzuführen ist, soll die Wassertemperatur ähnlich jener sein, wie sie bei lebenden Menschen gewählt wird, nicht zu heiß und nicht zu kalt. Nach der Ganzwaschung wird die/der Verstorbene mit dem weißen Totentuch umhüllt und in einen einfachen Sarg gelegt. Die sanfte körperliche Behandlung der/des Verblichenen und die Reinigung des Körpers dienen der Vorbereitung auf die Begegnung mit dem Schöpfer (Rink, 2002, o. S.).

Woran Muslim*innen nach dem Tod glauben

Der Sterbeprozess und das Erdgrab sind ein zeitlicher und örtlicher Übergang zum Jenseits. Im Augenblick des Todes trennt der Todesengel die Seele der/des Verstorbenen vom Körper. Dann führt er die Seele zu einem Zwischengericht im Himmel. Hat der Mensch ein Gott wohlgefälliges Leben geführt, wird ihm mitgeteilt, dass ihm alle seine Sünden vergeben werden. Haben Glaube und Taten des Menschen vor Gott keinen Bestand, wird die Seele beim Eintritt in den Himmel zurückgewiesen und zu den Verdammten gebracht. Folgend werden dem Verstorbenen vier Fragen gestellt: „Wer ist dein Gott? Wer ist sein Prophet? Was ist deine Religion? Wohin zeigt deine Gebetsrichtung?" (Kraewsky, 2020, o. S.). Kann die/der Verstorbene die Fragen richtig beantworten, wird ihr/ihm von den Engeln „Mubashar" („Frohe Botschaft") und „Bashir" („Verkünder froher Botschaft") die Zeit im Erdgrab erleichtert, etwa indem das Gewicht der auf ihr/ihm lastenden Grabeserde verringert wird. Kann die/der Verstorbene die Fragen jedoch nicht richtig beantworten, muss sie/er bereits im Grab Qualen erleiden, die ihr/ihm von den Engeln „Munkar" („das Verwerfliche") und „Nakīr" („das Negative") zugefügt werden (Rink, 2002, o. S.). Entscheidend ist nicht, ob die Verstorbenen die Antworten zuvor gelernt und korrekt wiedergeben können, sondern welche guten Taten sie im Diesseits vollzogen haben (Kraewsky, 2020, o. S.). Danach harrt die Seele der/des Verstorbenen bis zum Jüngsten Gericht in angenehmer oder angstvoller Erwartung aus. Dieser Aufenthaltsort wurde in einem Prophetenspruch mit einem Paradiesgarten oder dem Höllenpfuhl verglichen. Die Seelen erleben die Wartezeit zwischen der Befragung im Grab und der Auferstehung wie in einem schlafähnlichen Zustand (Rink, 2002, o. S.).

Beim Jüngsten Gericht werden alle Taten des Menschen auf einer himmlischen Waage abgewogen: „Wenn dann einer (auch nur) das Gewicht eines Stäubchens an Gutem getan hat, wird er es zu sehen bekommen. Und wenn einer (auch nur) das Gewicht eines Stäubchens an Bösem getan hat, wird er es (ebenfalls) zu sehen bekommen" (Koransuren, o. J., Sure 99/7–8). Mohammed tritt beim Jüngsten Gericht als Zeuge auf, der für oder gegen den Angeklagten aussagt. Das letzte und entscheidende Urteil fällt Allah. Nach dem Urteilsspruch werden die Verstorbenen von Engeln abgeführt und angewiesen, allein über die Brücke „As-Sirāt", die schmaler als ein Haar und schärfer als ein Schwert ist, zu gehen. Die Gottgläubigen gehen unbeschadet ins Paradies (Kraewsky, 2020, o. S.). Wer das Gericht Allahs nicht besteht, stürzt von der Brücke in das Höllenfeuer hinab. Jedoch besteht auch für diese Seelen Hoffnung, später doch noch ins Paradies zu gelangen: „Wahrlich, wer da Übel tut und verstrickt ist in seinen Sünden – diese sind die Bewohner des Feuers; darin müssen sie bleiben. Die aber glauben und gute Werke tun – diese sind Bewohner des Himmels; darin sollen sie bleiben" (Koransuren, o. J., Sure 2/82–83). Märtyrern, die für Gott ihr Leben lassen, bleibt diese aufwendige Prozedur erspart. Sie kommen ohne Wartezeiten und Umwege direkt ins Paradies (Huber, 2008, o. S.). Aus den Überresten des verwesenden Körpers schafft Allah einen neuen Körper und vereint diesen mit dessen Seele (Rink, 2002, o. S.).

Der Hinduismus

Ein Kollektiv an Religionen

Weil sich weite Landstriche Zentralasiens klimabedingt in eine unfruchtbare Steppe verwandelt hatten, wanderten um 1800 vor Christi Geburt Nomadenstämme in den indischen Subkontinent ein und brachten ihre Gottheiten mit. Der Hinduismus setzt sich, anders als das Christen- oder Judentum, aus einer Vielzahl an mono- und polytheistischen Religionen und Gottheiten zusammen. Weder gibt es einen einheitlichen Stifter, eine gemeinsame Lehre, eine zentrale Tempelanlage, ein Dogma noch gemeinsame Rituale. Die einzige Lebensgrundlage, die für alle Hindus verbindlich ist, ist das „Dharma", das „ewige Gesetz". So vielfältig wie die religiösen Vorstellungen, so vielfältig sind die Antworten auf existenzielle Fragen über das Leben, den Tod und das Leben nach dem Tod (Terhart & Schulze, o. J., S. 122–123, 132). Anhängerinnen und Anhänger des Hinduismus vollziehen ein tugendhaftes Leben, wobei beispielsweise Friedfertigkeit, Reinheit, Wahrheit, Barmherzigkeit, Genügsamkeit und Selbstlosigkeit wichtige Werte bedeuten (OÖ. Religionsbeirat, 2017, S. 36).

Zentrale Glaubensströmungen

Zentrale Glaubensströmungen sind der Vishnuismus, Shivaismus, Shaktismus und Tantrismus.

Vishnuiten verehren ihren Gott, den Bewahrer und Erhalter des Lebens, besonders in Gestalt der Kuh. Er kann jede Gestalt und jedes Geschlecht haben (Terhart & Schulze, o. J., S. 144).

Das Symbol für den Gott *Shiva* ist ein Phallus, der für Fruchtbarkeit und für die Einheit von Leben und Tod steht (ebd., S. 132). Der Legende zufolge geriet Shiva nach dem Tod seiner Frau Parvarti in rasende Wut und tanzte mit ihrem Leichnam. Um ihn zu beruhigen, schleuderte Vishnu, der Gott, der die Welt im Gleichgewicht zwischen Gut und Böse erhält, seinen Sonnendiskus und zerstückelte den toten Leib in 51 Teile. Jeder Ort, an dem ein Leichenteil zu Boden fiel, wurde eine Pilgerstätte, um „Shakti", die weibliche Urkraft des Universums, anzubeten (Terhart & Schulze, o. J., S.

132). Der Kalighat-Tempel in Kalkutta symbolisiert den Ort, an dem der kleine Zeh von Shivas toter Frau zu Boden fiel (Abraham et al., 2012, S. 638). Blutsaugende Gottheiten und vampirartige Dämonen gehören nahezu ausschließlich dem shivaitischen Religionskreis an. Gott Shiva manifestiert sich durch das Entstehen, etwa in Form von erotischer Energie, und durch das Vergehen im Sinnbild des Todes (Diefenbach, 2018, S. 3). Die Stadt Varanasi gilt als Pilgerstätte der Hindus, weil Shiva dort einst erschien und die Stadt niemals verließ (Terhart & Schulze, o. J., S. 162).

Unzählige indische Göttinnen werden als eine Form von Shakti angesehen und verehrt. Um ihre Schöpfungsenergie zu wecken und um Genuss und Sinnenfreude zu erfahren, bedient man sich im *Shaktismus* bestimmter ritueller sexueller Praktiken (ebd., S. 132).

Auch im *Tantrismus* ist die Verehrung der Muttergöttin zentral. Durch die rituelle sexuelle Vereinigung von Mann und Frau wird die erlösende Kraft der Göttin gesucht, in Anlehnung an die Vorstellung, was im Kleinen wirkt, hat auch Auswirkungen im Universum (Terhart & Schulze, o. J., S. 133).

Vier Kasten und die Kastenlosen

Im Hinduismus gibt es vier große Kasten: Jene, die ihr Leben vollkommen gemäß ihrer Religion ausrichten, gelten körperlich und geistig als „rein" und gehören der obersten Kaste, den „Brahmanen", an. Hierzu zählen beispielsweise Priester und Gelehrte. Zur zweithöchsten Kaste gehören die „Kshatriyas", das sind Krieger und Adelige, die für Schutz und Ordnung in der Gesellschaft sorgen. Drittgereihte sind die „Vaishyas", die Ackerbau- und Viehzuchttreibenden, Kaufleute und Händler. Angehörige der vierten Kaste sind die „Shudras", das sind Arbeiter und Bauern. Durch Heirat entstanden „Zwischenkasten", etwa die der Wäscher oder der Goldschmiede (Terhart & Schulze, o. J., S. 150–151).

Obwohl mit der Unabhängigkeit Indiens 1947 auch der Kastenzwang aufgehoben wurde und eine Benachteiligung der „Parias", der „Kastenlosen", per Gesetz verboten wurde, erfahren die Unberührbaren nach wie vor Ausgrenzung, etwa durch einen erschwerten Zugang zu Tempeln, Universitäten usw. Weil

Mahatma Gandhi, der zeitweise bei ihnen lebte, sie „Harijans" nannte, das bedeutet „Kinder Gottes", benutzen sie nach wie vor diese ehrenhafte Bezeichnung (Terhart & Schulze, o. J., S. 152). Ein Bad im heiligen Fluß Ganges macht die Brahmanen noch reiner und hebt die Verunreinigung der unreinen Parias vorübergehend auf (ebd., S. 163).

Fasten

Anders als Muslim*innen fasten Hindus an bestimmten Tagen, beispielsweise zur Ehre der Göttin Shiva, anlässlich des Geburtstages von Krishna oder gemäß dem Vorbild Gandhis, etwa um politische Ziele zu erreichen. Das Leben der hinduistischen Gurus, „Sadhus" genannt, ist von Askese bestimmt. Sie verzichten auf jegliches Übermaß und streben die Losgelöstheit von allem Weltlichen an, weshalb manche obdachlos sind und über keinerlei Besitz verfügen. Vergleichbar mit dem Sterbefasten ist die ritualisierte Extremform des hinduistischen Fastens, das „Prayopavesa". Bevor diese Form der Askese, sie nimmt den Tod in Kauf, praktiziert werden darf, bedarf es einer vorausgehenden öffentlichen Erklärung und Erlaubnis seitens hinduistischer Gelehrter (BR.de, 2019, o. S.).

Karma, Wiedergeburt und Nirwana

Hindus glauben an ein zyklisch verlaufendes und ewig währendes Seelenleben ohne Anfang und Ende, das vom Karma bestimmt wird. Das Karma entsteht gemäß dem Prinzip von Ursache und Wirkung und meint das persönliche Energiemuster, das in den Weltenkreislauf eingeht. Je nachdem, ob ein Mensch das Leben mehr mit guten oder mehr mit schlechten Taten füllte, bestimmt das Karma, welches neue Erdenleben ihm zugeteilt wird. Einem Leben mit guten Taten folgt ein paradiesischer Zustand, ehe eine Seele wiedergeboren wird. Es ist möglich, das gesamte Karma abzubauen und den Kreislauf der Wiedergeburten zu durchbrechen, um ins „Brahman-Nirwana" einzutreten. In diesem Zustand des Seins erlischt jegliches Streben und dies bedeutet die Erlösung von Leid (Terhart & Schulze, o. J., S. 147–149).

III. UNSERE NACHGEHENDEN GEDANKEN

Die bittere Armut der Bevölkerung

Von Tag zu Tag fühlten wir eine stärkere Beklemmung ob der Armut der Menschen. Die Luftverschmutzung und Geruchsbelastung in der Stadt waren enorm, weshalb uns streckenweise das Durchatmen kaum möglich war. Die glühenden Kohlen und das brennende Holz bei den zahlreichen Kochstellen, der Feinstaub, das rohe Fleisch, die Autoabgase, die Fäkalien von Menschen und Tieren, beißend riechender Schweiß, Hitze, Schwüle und Staub, fehlende Kläranlagen und ungeregelte Abfalldeponien verursachten einen jauchigen Gestank in der Stadt. Es gab kaum öffentlich zugängliches fließendes Wasser und nur wenige Straßen verfügten über ein Kanalsystem. Nirgendwo war eine öffentliche Toilette zu sehen.

Obwohl wir uns vor Antritt unserer Reise über die Stadt und das Leben der Menschen informiert hatten, erschütterte uns förmlich die Andersartigkeit der Stadt, irritierte und schockierte uns die Lebenssituation der Menschen. Kein Reisebericht, den wir gelesen hatten, kam dem Erfahrenen nahe. Darin wurden die schönen Gebäude im neoklassizistischen Stil aus viktorianischer Zeit oder das mystische und faszinierende Flair der Stadt beschrieben, was aus unserer Sicht einer Verhöhnung und Verharmlosung der unsäglich düsteren Lebenssituation und der schlechten bzw. fehlenden Zukunftsperspektiven der Menschen gleichkommt. Es mag sein, dass Indien schön und schrecklich zugleich ist, auf Kalkutta trifft „schön" jedoch nach dem von uns Erlebten gar nicht zu. Extrem widersprüchlich und unglaubwürdig erscheinen uns Meldungen von Frauenkarrieren in Politik und Wirtschaft angesichts der patriarchalisch geprägten Mentalität. Die Mehrzahl der Frauen fügt sich noch heute dem elterlichen Verdikt und heiratet die von den Eltern für angemessen befundenen Männer. Wir waren vor allem vom Ausmaß der Armut und deren Folgen für die Schwächsten, von der Vielzahl an Menschen auf kleinstem Raum und von den katastrophalen hygienischen Lebensbedingungen überrascht. Bei Weitem waren die Grundbedürfnisse der dort lebenden Personen nicht erfüllt. Durchweg fehlte es an Waren und Dienstleistungen, um die basalen existenziellen Bedürfnisse der Menschen zu decken: ausreichende und vitalstoffreiche Ernährung, sauberes Wasser, frische Luft, saubere Kleidung, genügend Wohnraum, Arbeit, Bildung, soziale Sicherheit, sanitäre Anlagen und medizinische Versorgung. Jene, deren Grundbedürfnisse erfüllt sind, sind besonders privilegiert, denn für die meisten Menschen bleiben viele Begehren unerfüllt und werden in ihrer Lebenszeit niemals selbstverständliche Gegebenheiten sein.

Annehmlichkeiten wie beispielsweise kulturelles, kreativ-schöpferisches oder musisches Erleben sind nur einer geringen Oberschicht zugänglich. Erst recht die in unserer Wohlstandsgesellschaft generierten Luxusbedürfnisse wie Schmuck oder schicke Autos sind für den Großteil der Bevölkerung unerreichbar, ebenso Freizeitaktivitäten wie Kinos, der Besuch von Shoppingcentern oder Wellness-Oasen. Die überbevölkerte Stadt pulsiert unentwegt, die Automotoren dröhnen und der Verkehr wälzt sich Tag für Tag hupend durch die Straßen. Es gibt keine Möglichkeit, zur Ruhe zu kommen, etwa um einen entspannenden Spaziergang zu unternehmen.

Die Erfüllung seelisch-geistiger Bedürfnisse tritt gegenüber den körperlichen Grundbedürfnissen völlig in den Hintergrund, anders als in industriell hoch entwickelten Ländern. Die Balance zwischen Leben und Tod ist extrem fragil, vor allem für die Schwächsten in der Gesellschaft, die Neugeborenen, Säuglinge und Kleinkinder, die Kranken und die Alten.

Unsere Vorstellung davon, was ein Mensch zum Überleben wenigstens braucht, korrigierten wir, denn viele mussten mit fast gar nichts auskommen. Sie tragen Lumpen und schlafen auf einem Stück Pappe. Ihr (Über-)Leben war von Almosen anderer abhängig und bedeutet ein tägliches Durchwühlen der stinkenden Müllberge nach noch essbaren Nahrungsresten, sofern nicht schon die Krähen die besten Stücke ausgemustert haben.

Die Unterschiede innerhalb der ohnehin größtenteils armen Bevölkerung waren nochmals eklatant. So gab es die Wohlhabenderen, die beispielsweise ein Geschäft betrieben, wo sie all das verkauften, was bei uns in einem Altstoffsammelzentrum entsorgt wird, etwa alte Fahrradklingeln, Blechteile, Schrauben, Nägel, Nieten, Autozubehör, Werkzeug usw. Unsäglich hart war die Arbeit der ausgemergelten Riksha-Fahrer, welche die Mann-Kraft-Maschinen bei großer Hitze und Schwüle, bekleidet mit einem zerlumpten Lungi und einfachen Sandalen, per Hand zogen, Tag für Tag. Auch die Arbeit der Müllmänner erschien uns extrem mühselig.

Weil die Menschen so bitterarm waren, konnten wir das aufdringliche Betteln von Erwachsenen und Kindern nachvollziehen. Hin und wieder beobachteten wir, dass Einheimische den Bettelnden, wie im vierten Glaubenspfeiler des Islam, dem „Zakāt", vorgeschrieben, einige Münzen in die zur Schale geformten Handflächen warfen. Auch diverse Inszenierungen, bei denen um Mitleid geheischt wurde, um etwas Geld zu bekommen, waren nachvollziehbar. Unvorstellbar bleibt für uns, wie Frauen, die im Zuge einer Vergewaltigung schwanger wurden, dann auch noch von der Familie verstoßen wurden. Auch, wie sie es schafften, sich und das Baby am Leben zu erhalten. Sie hatten keine Hoffnung auf Besserung ihrer Lebenssituation. Was würden wir tun an ihrer Stelle? Ich würde wohl auch stehlen, wenn ich dadurch die Möglichkeit hätte, meinem Kind die lebensnotwendige Nahrung geben bzw. kaufen zu können. Stehlen in Kalkutta kann eine der wichtigsten, vielleicht auch sinnvollsten Maßnahmen an einem Tag sein – so ging es uns durch den Kopf.

Wir wagen, zu hypothetisieren: Könnte es nicht auch sein, dass die Menschen in Kalkutta mit ihrem Leben zufrieden sind und es als „normal" einschätzen, so wie es ist, und dass sie ihr Dasein nicht als leidvoll erachten? Wir fühlen uns privilegiert, denn wir wurden in eine Wohlstandsgesellschaft hineingeboren und dürfen darin leben. So vieles ist für uns selbstverständlich, was anderswo purer Luxus bedeutet. Die Allerwenigsten leiden bei uns Hunger oder Durst. Ein soziales Netz fängt alle auf: Arbeits- und Obdachlose, Kranke, Alte usw. Es mangelt kaum an etwas, und nie waren wir in der misslichen Lage, kein Zuhause zu haben oder im Müll nach Essbarem suchen zu müssen. Hingegen überlegen wir, wo wir den nächsten Urlaub buchen und ob unsere PCs für diverse Programme die Voraussetzungen erfüllen. Aus unserer Perspektive können wir die subjektive Lebensqualität der Menschen in Kalkutta nur marginal und im Hinblick auf die grundlegenden Rechte von Kindern und Erwachsenen einschätzen. Wir waren nur beobachtende Besuchende, die nach Indien gereist sind, und völlig andere soziale, religiöse und gesellschaftliche Werte mit im Gepäck hatten. Wir fühlen uns nach wie vor nicht in der Lage, irgendeine Bewertung abzugeben.

Uns wurde nach und nach bewusst, dass wir mit ganz anderen Werthaltungen und Möglichkeiten auf die Lebenssituation der Menschen in Kalkutta sahen. Beim kritischen Blick über unsere eigenen Schultern stellen wir mittlerweile fest, wie anmaßend und arrogant es von uns ist, das Leben der Menschen auf Basis unserer Werthaltungen und Möglichkeiten überhaupt zu bewerten. Einzig die Missachtung grundlegender Rechte auf Leben und die Gewalt gegenüber Unschuldigen und Wehrlosen verurteilen wir grundsätzlich, etwa den furchtbaren Umgang mit Frauen, die infolge einer Vergewaltigung schwanger wurden und Gefahr laufen, von Familienangehörigen ermordet zu werden, wie im Kapitel „Sexuelle Gewalt gegenüber Frauen und Kindern" beschrieben.

Mutter Teresa hat gern gesagt: „Vielleicht spreche ich nicht ihre Sprache, aber ich kann lächeln" (ORF online, 2016, o. S.).

Gedanken über die gerechte Verteilung von Rohstoffen und Gütern, somit von Lebensqualität und letztendlich von Würde, kommen uns in den Sinn. Doch immer bleibt dabei die Unsicherheit: Ist es wirklich würdevoller, Diamanten an reiche Menschen, etwa am Flughafen in Dubai, zu verkaufen, als Speisen, die über heißen Kohlen an einem Stand in Kalkutta frühmorgens gekocht werden? Würde ist wohl der falsche Begriff, um hier eine Unterscheidung zu treffen. Vielmehr ist die Frage der Möglichkeiten entscheidend. Viele Menschen in Kalkutta haben wohl tatsächlich keine Möglichkeit, ihr Leben in Freiheit nach unserer Definition zu gestalten. Aber streben sie das überhaupt an? Wir hatten oft den Eindruck, dass die Welt dieser Menschen die Ihrige war und sie in ihr ein Zuhause hatten, wenn auch unter ganz anderen Vorzeichen, als dies in Europa fast überall der Fall ist. Sie gingen ebenso ihren täglichen Aufgaben nach und erfreuten sich an kleineren oder größeren Dingen, etwa an der Zuckerwatte, die es in der Sudder Street zu kaufen gab.

Was wir als Leid interpretierten, war für die Menschen in Kalkutta Normalität. Man muss schon genau hinsehen und hinhören, um zu erkennen, welche Themen dort wirkliches menschliches Leid bedeuten, um nicht den Menschen unsere Vorstellung davon überzustülpen.

Mutter Teresas Berufungstreue

Sabine:

Feinfühlend nahm Mutter Teresa bereits in jungen Jahren ihre Seelenregungen wahr, um Hinweise auf eine künftige Orientierung für ihr Leben zu bekommen. Trotz der späteren Zweifel an der Existenz Gottes blieb sie in den mehr als drei Jahrzehnten ihres Wirkens ihrem Berufungsauftrag treu und kam diesem unaufhörlich nach, indem sie das Werk, das sie begonnen hatte, bis zu ihrem Tod 1997 fortführte.

Die leidvollsten Stunden ihres Lebens waren jene, in denen sie tiefste Gottverlassenheit bei zeitgleicher und starker Sehnsucht nach ihm verspürte. Die Meinungen über Mutter Teresas hingebungsvolles Werk sind vielfältig. Sie reichen von der Annahme, sie sei eine Heilige zu Lebzeiten mit übermenschlichen Kräften gewesen, bis hin zu pathologischen Erklärungen, etwa, dass sie an einer chronischen Erschöpfung, einem Burn-out, gelitten habe. Trotz quälender Zweifel an der Existenz Gottes konzentrierte sie sich unablässig darauf, seinen Auftrag an sie durch den hingebungsvollen, mutigen und unmittelbaren Dienst an den Ärmsten, Schwächsten, Ausgestoßenen und Sterbenden tagtäglich zu erfüllen. Der Entscheidung zur Askese, zum Verzicht auf jeglichen finanziellen und sozialen Wohlstand, blieb sie ihr Leben lang treu. Kann ein Mensch über Jahrzehnte hindurch im Zustand der Erschöpfung stundenlang und unter schwierigsten klimatischen Bedingungen Derartiges leisten? Ich wage, dies zu bezweifeln.

Mutter Teresa bleibt mein leuchtendes Vorbild, insbesondere im Hinblick auf die Bereitschaft, der Stimme des Gewissens bzw. ihrer Berufung Folge zu leisten, allen Widerständen zum Trotz. Teresa litt unter Gottverlassenheit, ein Umstand, der wohl mit Gefühlen wie Zweifel, Trauer und Angst einhergeht. Dennoch, sie ließ sich davon nicht beirren und setzte unaufhörlich und entschieden ihr Werk fort. Der Ruf, der ihre Seele einmalig und tief gehend erreichte, schien sie durch die lebensbegleitenden Zweifel hindurchzutragen, wenn sie ihn auch nicht mehr spüren konnte. Keinesfalls schmälerte oder ignorierte sie ihre Gefühle. Dem Leiden an der unerfüllten Sehnsucht nach Gott und der Angst, einer Illusion zum Opfer gefallen zu sein, begegnete sie im Verfassen von Briefen an ihn, ebenso im Schreiben von Texten, in denen sie ihre Verzweiflung über die Gottesferne wahrhaftig zum Ausdruck brachte. Statt sich der Klage hinzugeben, wandelte sie ihre Sehnsucht in Bittgebete. Bei ihren religiösen Begleitenden suchte sie die wahrhaftige Aussprache und hoffte, dadurch ein Mehrverständnis für ihre Zerrissenheit zu bekommen. Ihr Leben war von Authentizität und Wahrhaftigkeit im Umgang mit ihren Zweifeln durchdrungen. Dem Vorwurf, dass sie ihre seelischen Krisen der Öffentlichkeit zu Lebzeiten vorenthalten habe, entgegne ich meine Meinung, dass ihr tiefgründiges und weltumspannendes Berufungswirken durch die Offenlegung ihres Seelenlebens wohl in Gefahr geraten wäre, weshalb sie diesen Schritt unterließ.

Berührung der Menschen an Leib und Seele

Mutter Teresa ließ sich von der Not der Menschen berühren und berührte auch sie. Sie wandte ihren Blick nicht von den Leidenden ab, sondern sah hin. Die Schmerzen der seelischen und körperlichen Verwundungen der Menschen versuchte sie, gemeinsam mit ihren Ordensschwestern, zu lindern. In jedem leidenden Menschen sah sie Jesus Christus. Ich stelle mir vor, wie erhebend es für die Notleidenden gewesen sein muss, von ihr berührt zu werden. Ich ahne, welchen Trost die Sterbenden erfuhren, wenn sie in den letzten Stunden des Lebens von der Straße geholt und auf einer Pritsche mit sauberem Laken gebettet wurden. Ich glaube, dass durch die Begleitung eines Menschen, dessen Herz von der bedingungslosen Liebe erfüllt ist, ein hoffnungserfüllter Übergang vom Leben zum Tod ermöglicht wird, weil die Liebe immateriell ist und niemals vergeht.

Durstlinderung

Verglichen mit den politischen und religiösen Unruhen und der wirtschaftlich schlechten Situation in Indien zu der Zeit Mutter Teresas erschien uns die Not der Menschen in Indien auch noch im Jahr 2013 unermesslich groß. Eine Hilfeleistung im Zuge des Volontariats erwies sich zunächst wie ein kleiner Tropfen Wasser inmitten der grenzenlosen Weite einer Wüste. Angesichts der Lebensumstände in Kalkutta bräuchte es aus unserer Sicht nachhaltig wirksame politische und soziale Reformen, um wenigstens die Grundbedürfnisse der Menschen abdecken zu können. Doch dies war und ist nicht der Fall. Dennoch, so unsere Erkenntnis, erfahren die Einzelnen das Gefühl, gewollt zu sein, allein schon durch ein Anlächeln, durch den wohlwollenden Tonfall, durch eine achtsame Berührung, durch das Reichen von klarem Wasser oder die Reinigung einer Lepra-Wunde. Der Durst der Menschen kann auf vielfache Weise gelindert werden und schon kleinste Mengen wirken einer Leidvermehrung entgegen. Ich verneige mich vor der Größe der Menschen, die zum Leben kaum genug haben, und dabei von denen, die aus reichen Ländern kommen, Hilfe annehmen, ohne eine Spur von Neid oder Verbitterung. Ganz im Gegenteil: Sie haben die Größe, zu empfangen, und das in einer Haltung der Demut und Dankbarkeit.

Entgegen den Vorwürfen

Sabine:

> Ich kann mich der Kritik nicht anschließen, wonach Mutter Teresa sich nicht ausreichend für die Bekämpfung der Wurzeln des Leides eingesetzt hatte, sondern „nur" Bedürftige unterstützt hatte. Situativ wurden bei den Volontariatseinsätzen angesichts vielfacher menschlicher Nöte und fehlender Ressourcen Individuallösungen angestrebt, etwa durch Verschenken eines Säckchens voller Reis, durch kostenfreie medizinische Grund- und Notfallversorgung oder durch ein wenig menschliche Zuwendung. Ein Weiterdenken des Lebens über einen Tag hinaus war schwierig. Das teils fehlende bzw. offensichtlich unstrukturierte Gesundheitswesen und die erbärmliche Not der Menschen in Kalkutta können dadurch gewiss nicht beseitigt werden. Diese Tatsache verlangt den Missionarinnen wohl immense Kraft ab und wäre auf Dauer nicht tragbar, gäbe es nicht den unbedingten Glauben an Gott und die Überzeugung, dass es nach dem irdischen Leben ein Heil für jeden Menschen geben wird. Eingebettet in haltgebende religiöse Rituale schöpfen die Ordensfrauen Kraft für ihr Tätigsein inmitten großen Elends.

Vesper, ein in Indien tätiger Mediziner, erachtet die Armut der Menschen vor allem als Folge der ungehemmten Aktivität weltweit agierender Finanzkasten, die durch Korruption, Gewalt und Ausbeutung Gewinne zum eigenen Vorteil maximieren, ebenso durch einen mangelnden politischen Willen zur Reformierung des Staates: „Mit Wirtschaftswachstum, Marktmanie und Rezepten einer Mainstreamökonomie ist Indien [...] nicht zu helfen" (Vesper, 2015, o. S.). Wenn auch der Kampf gegen all das verwirklichungswürdig und notwendig wäre, so blieb Mutter Teresa und ihren Schwestern dennoch nur die Wahl, sich auf das Verwirklichungsmögliche zu konzentrieren: die unmittelbare Hilfe an den Bedürftigen.

QUELLEN

Abraham, D., Edwards, N., Ford, M., Jacobs, D., Meghji, S., Sen, D. & Thomas, G. (2012). Indien. Der Norden. Berlin: Stefan Loose Travel Handbücher.

Ali, T. (1994). Hell's Angel [Dokumentarfilm]. United Kingdom. Abgerufen am 07.08.2020 von https://www.youtube.com/watch?v=NJGlgmPvYA.

Bakar, S. (2020). Die Shahadah: Das Glaubensbekenntnis der Ergebenen. Abgerufen am 13.08.2020 von https://www.alrahman.de/die-shahadah-das-glaubensbekenntnis-der-ergebenen/.

Bartels, G. (2015). Bevor sie stirbt, entschuldigt sie sich. Doku „India's Daughter". Abgerufen am 14.07.2020 von https://www.tagesspiegel.de/kultur/doku-indias-daughter-bevor-sie-stirbt-entschuldigt-sie-sich/11981234.html.

BibleServer EU (2020). Johannes 15,12. Abgerufen am 14.10.2020 von https://www.bibleserver.com/EU/1.Mose1%2C14.

Bose, A. & Terpstra, J. (2012). Muslimische Patienten pflegen. Praxisbuch für Betreuung und Kommunikation. Berlin: Springer.

Bosen, R. (2019). Fasten: Im Verzicht zu Gott finden. Abgerufen am 22.07.2020 von https://www.dw.com/de/fasten-im-verzicht-zu-gott-finden/a-48637201.

BR.de (2019). Fasten im Islam. Ramadan – fasten bis die Sonne untergeht. Abgerufen am 22.07.2020 von https://www.br.de/themen/religion/fasten-weltreligionen-islam-100.html.

Brandenberg, L. (2016). Halal ist nicht gleich halal – das sind die Schlachtregeln. Abgerufen am 21.07.2020 von https://www.luzernerzeitung.ch/schweiz/halal-ist-nicht-gleich-halal-das-sind-die-schlachtregeln-ld.83529.

Brauer, M. (2016). Licht und Schatten der Mutter Teresa. Abgerufen am 07.08.2020 von https://www.stuttgarter-zeitung.de/inhalt.mutter-teresa-wird-heiliggesprochen-licht-und-schatten-der-mutter-teresa.7619ae51-a553-4275-be64-566f847322ff.html.

Breyer, B. (2019). Ware Kind: Alle acht Minuten wird in Indien ein Kind vermisst. Abgerufen am 12.07.2020 von https://www.presseportal.de/pm/1658/4338724.

Buck, K. D. (2018). Indien. Hexenjagd auf Nonnen. Abgerufen am 02.08.2020 von https://www.welt-sichten.org/artikel/34782/hexenjagd-auf-nonnen.

Calderwood, I. (2017). Frauenrechte. Dieser Mann riskiert sein Leben, um Kinder in Indien aus Sexhandel zu befreien. Abgerufen am 08.02.2020 von https://www.globalcitizen.org/de/content/guria-india-ajeet-singh-human-trafficking/.

Chatterjee, A. (2016). Mother Teresa: The Untold Story. New Delhi: Fingerprint.

Cordes, P. J. & Lütz, M. (2013). Benedicts Vermächtnis, Franziskus' Auftrag. Freiburg im Breisgau: Herder (E-Book). Abgerufen am 03.08.2020 von https://books.google.at/books?id=J_3mAgAAQBAJ&pg=PT58&lpg=PT58&dq=Jesuitenpater+Franjo+Jambrekovic%C2%B4&source=bl&ots=r-prY0zjoY&sig=ACfU3U05Iodh7UIhAiA06ko8ZB-SheCdhQ&hl=de&sa=X&ved=2ahUKEwi1yNk4_7qAhXmo4sKHXUVDVYQ6AEwAXoECAYQAQ#v=onepage&q=Jesuitenpater%20Franjo%20Jambrekovic%C2%B4&f=false.

Council Regulation EC Nr. 1099 (2009). On the protection of animals at the time of killing. Recital 18. Abgerufen am 21.07.2020 von https://eur-lex.europa.eu/eli/reg/2009/1099/oj.

Deutsche Bibelgesellschaft (2020). Mt. 25,40. Abgerufen am 17.09.2020 von https://www.die-bibel.de/.

Diefenbach, N. (2018). Der Archetypus blutsaugender Gottheit im religiös-mythologischen Kontext Asiens. Ein religionskomparativer Essay. *Journal für Religionskultur, 235,* S. 1–10. Abgerufen am 06.08.2020 von https://d-nb.info/1151534536/34.

Dinter, A. (2016). Rituelle Schlachtung: Verboten und erlaubt. Abgerufen am 21.07.2020 von https://www.provieh.de/rituelle-schlachtung-verboten-und-erlaubt.

Dittrich, S. (2013). Schwere Vorwürfe gegen indische Polizei. Abgerufen am 14.07.2020 von http://www.tagesschau.de/ausland/vergewaltigung-indien100.html.

ECPAT Österreich (o. J.). Kinderschutz in Indien. Abgerufen am 12.07.2020 von https://www.ecpat.at/fileadmin/download/Flyer___Broschueren/Handbucher/Hanbuch_Einzeldateien/Laenderinfo-Indien.pdf.

Europäisches Parlament (2019). Parlamentarische Anfragen: Betrifft: Schächten ohne Betäubung in der Europäischen Union. Abgerufen am 21.07.2020 von https://www.europarl.europa.eu/doceo/document/E-9-2019-003344_DE.html.

Ghosh, S. (2019). „Lynchjustiz" nach Vergewaltigung. Indien in gefährlicher Spirale der Gewalt. Abgerufen am 09.08.2020 von https://orf.at/stories/3146662/.

Havlat, O. (2020). Halal essen: Wann ist ein Produkt „halal"? Abgerufen am 21.07.2020 von https://www.verbraucherzentrale.de/wissen/lebensmittel/kennzeichnung-und-inhaltsstoffe/halal-essen-wann-ist-ein-produkt-halal-12283.

Huber, G. (2008). Shah-i-Zinda. Abgerufen am 25.07.2020 von https://austria-forum.org/af/Geography/Asia/Uzbekistan/Pictures/Samarkand/Shah-i-Zinda_4.

Human Rights Watch (2020). Indien: Justiz für Vergewaltigungsopfer schwer erreichbar. Fünf Jahre nach Gruppenvergewaltigung von Delhi ist Bilanz durchwachsen. Abgerufen am 14.07.2020 von https://www.hrw.org/de/news/2017/11/08/indien-justiz-fuer-vergewaltigungsopfer-schwer-erreichbar.

Klein, M. (2018). Die Tat nach der Tat. Sexuelle Gewalt in Indien. Abgerufen am 14.07.2020 von https://www.deutschlandfunk.de/sexuelle-gewalt-in-indien-die-tat-nach-der-tat.886.de.html?dram:article_id=407135.

Klinik Hirslanden Pflegedienst (2012). Pflege – Sterben – Religion. Mitarbeiterhandbuch für den Umgang mit Sterbenden und Angehörigen aus unterschiedlichen Glaubensrichtungen. Zürich, Schweiz. Abgerufen am 14.10.2020 von https://www.palliativluzern.ch/application/files/7814/8057/8660/Religion_und_Spiritual_Care_2012.pdf.

Koh, M. Y. H., Chong, P. H., Neo, P. S. H., Ong, Y. J., Yong, W. C., Ong, W. Y., Shen, M. L. J. & Hum, A. Y. M. (2015). Burnout, psychological morbidity and use of coping mechanisms among palliative care practitioners: A multi-centre cross-sectional study. *Palliative Medicine*, 7, S. 633–642.

Koller, M. (2010). Mutter Teresa – Heilige der Dunkelheit. Portrait zum 100. Geburtstag von Mutter Teresa am 26.8.2020. Dokumentarfilm. BRD: Schröder Media.

Koransuren (o. J.). Abgerufen am 21.07.2020 von https://koransuren.com/.

Kraewsky, H. (2020). Der Tod im Islam. Abgerufen am 25.07.2020 von https://www.dioezese-linz.at/institution/8810/weltreligionen/christentumundweltreligio/article/6611.html.

Maasburg, L. (2016). Mutter Teresa. Die wunderbaren Geschichten. München: Knaur.

Mauer, S. (2017). Günter Grass und Kalkutta. Abgerufen am 21.07.2020 von https://www.dw.com/de/g%C3%BCnter-grass-und-kalkutta/a-39734524.

Medienreferat der Österreichischen Bischofskonferenz (2020). Wie Agnes aus Skopje zu Mutter Teresa von Kalkutta wurde. Abgerufen am

07.08.2020 von https://www.katholisch.at/aktuelles/2016/08/26/wie-agnes-aus-skopje-zu-mutter-teresa-von-kalkutta-wurde.

Möhring, R. (2013). Gewalt am Subkontinent. Frauenrechtlerin Kumari: „Jährlich verschwinden in Indien 40.000 Kinder." Abgerufen am 09.08.2020 von https://www.derstandard.at/story/1363709206653/frauenrechtlerin-kumari-jaehrlich-verschwinden-in-indien-40-000-kinder.

Möllhoff, C. (2016). Moderne Sklaverei. In Indien verschwinden jedes Jahr rund 100.000 Kinder. Abgerufen am 09.08.2020 von https://www.tagesspiegel.de/gesellschaft/panorama/moderne-sklaverei-in-indien-verschwinden-jedes-jahr-rund-100-000-kinder/13690830.html.

Müller, M., Pfister, D., Markett, S. & Jaspers, B. (2010). Wie viel Tod verträgt das Team? Eine bundesweite Befragung der Palliativstationen in Deutschland. *Zeitschrift für Palliativmedizin, 11,* S. 227–233.

Neuner, J. (2001). Mutter Teresas Charisma, S. 336–348. Abgerufen am 05.08.2020 von file:///C:/Users/Saturn/AppData/Local/Temp/74_2001_5_336_348_Neuner_0.pdf.

New World Encyclopedia (o. J.). William Jones (philologist). Abgerufen am 15.07.2020 von https://www.newworldencyclopedia.org/entry/William_Jones_(philologist).

OÖ. Religionsbeirat (2017). Glaube und Religion. Gesetzlich anerkannte Religions- und Bekenntnisgemeinschaften in Oberösterreich. Linz, Geschäftsstelle des OÖ. Religionsbeirats. Abgerufen am 14.03.2020 von https://www.land-oberoesterreich.gv.at/files/publikationen/Broschuere_Religion_2017.pdf.

ORF online (2016). Mutter Teresa: „Der Engel von Kalkutta." Abgerufen am 07.08.2020 von https://religion.orf.at/stories/2793309/.

Oster, A. & Benali, M. (2019). Die fünf Säulen des Islam. Abgerufen am 25.07.2020 von https://www.planet-wissen.de/kultur/religion/islam/pwiediefuenfsaeulendesislam100.html.

Österreichisches Tierschutzgesetz (2010). BGBl. I Nr. 80. Abgerufen am 21.07.2020 von https://www.ris.bka.gv.at/Dokument.wxe?Abfrage=Bundesnormen&Dokumentnummer=NOR40120777.

Pandey, G. (2013). India child sex victims ‚humiliated' - Human Rights Watch. In BBC News, 07.02.2013. Abgerufen am 09.08.2020 von https://www.bbc.com/news/world-asia-india-21352102.

Petersmann, S. (2012). Nach dem Tod eines Vergewaltigungsopfers. Trauer, Wut und Angst in Indien. Abgerufen am 06.07.2020 von https://www.tagesschau.de/ausland/indien-trauer-und-wut100.html.

Pfister, D. (2014). Belastungsfaktoren. In M. Müller & D. Pfister (Hrsg.), *Wie viel Tod verträgt das Team? Belastungs- und Schutzfaktoren in Hospizarbeit und Palliativmedizin* (S. 43–49). Göttingen: Vandenhoeck.

Provieh (2004). Werde ich ohne Betäubung getötet? Schächten – ein überholtes Ritual. Abgerufen am 21.07.2020 von https://provieh.de/downloads_provieh/23_ki_schaechten.pdf.

Randelhoff, M. (2019). Zukunft Mobilität. Verkehrssicherheit international: Länder mit den meisten Verkehrstoten, Verkehrstote je 100.000 Einwohner, Gurtpflicht, Kindersitze, Geschwindigkeitsbegrenzungen, Alkoholgrenzwerte etc. Abgerufen am 13.08.2020 von https://www.zukunft-mobilitaet.net/169096/analyse/verkehrssicherkeit-verkehrstote-weltweit-2017-ranking-who/#verkehrstote-weltweit.

Rink, S. (2002). Tod, Gericht und Paradies im Islam. Abgerufen am 25.07.2020 von https://www.remid.de/tod-gericht-und-paradies-im-islam/.

RPP (2020). Religiosität in Psychiatrie und Psychotherapie. Abgerufen am 03.08.2020 von https://rpp-institut.org/unsere-referenten/leo-maasburg/.

Sammer, M. (2006). Mutter Teresa: Leben, Werk, Spiritualität. München: Beck.

Schäfer, J. (2019). Thérèsia von Lisieux. Ökumenisches Heiligenlexion. Abgerufen am 03.08.2020 von https://www.heiligenlexikon.de/BiographienT/Therese_von_Lisieux.htm.

Schmidt, F. (2019). Kleidungsvorschriften im Islam. Abgerufen am 02.08.2020 von https://www.remid.de/informationsplattform-religion-kleidungsvorschriften-im-islam/.

Schneider, M. (2011). Die „Dunkle Nacht" der Mutter Teresa. S. 1–23. Abgerufen am 05.08.2020 von https://patristisches-zentrum.de/radio/radio_2011/radio_2011_10.pdf.

Schwarzer-Beig, M. (2016). Mutter Teresa. Die Missionarin der Barmherzigkeit. *Missiothek. Das Praxisheft für Schule und Pfarre*, S. 4–7. Abgerufen am 02.08.2020 von https://www.missio.at/wp-content/uploads/2018/04/Missiothek_2016-02_Spezial_WEB.pdf.

Sepp, C. (2019). Mahatma Gandhi. Gewalt ohne Gewalt. Abgerufen am 03.08.2020 von https://www.br.de/radio/bayern2/sendungen/radiowissen/geschichte/mahatma-gandhi-124.html.

SOS-Kinderdorf (o. J.). Familienstärkung. Abgerufen am 12.07.2020 von https://www.sos-kinderdorf.at/so-hilft-sos/wie-wir-helfen/familienstarkung-2019.

SOS-Kinderdörfer weltweit (o. J.). Armut in Indien. Zahlen und Fakten zum täglichen Kampf ums Überleben. Abgerufen am 13.08.2020 von https://www.sos-kinderdoerfer.de/informieren/wo-wir-helfen/asien/indien/armut-in-indien.

Staigner, I. (2006). Aktion für ein Verbot des betäubungslosen Schlachtens. *ProVieh*, *1*, S. 9.

Statista (2020a). Die 30 größten Länder der Welt nach Fläche im Jahr 2020. Abgerufen am 12.07.2020 von https://de.statista.com/statistik/daten/studie/3058/umfrage/die-30-groessten-laender-der-welt-nach-flaeche/.

Statista (2020b). Die 20 Länder mit der größten Bevölkerung im Jahr 2018. Abgerufen am 12.07.2020 von https://de.statista.com/statistik/daten/studie/1722/umfrage/bevoelkerungsreichste-laender-der-welt/.

Statista (2020c). Indien: Gesamtbevölkerung von 1980 bis 2018 und Prognosen bis 2024. Abgerufen am 12.07.2020 von https://de.statista.com/statistik/daten/studie/881664/umfrage/megacities-einwohnerzahl-der-groessten-staedte-weltweit/.

Statista (2020d). Megacities: Anzahl der Einwohner der größten Städte weltweit im Jahr 2018. Abgerufen am 12.07.2020 von https://de.statista.com/statistik/daten/studie/881664/umfrage/megacities-einwohnerzahl-der-groessten-staedte-weltweit/.

Statista (2020e). Indien: Altersstruktur von 2008 bis 2018. Abgerufen am 12.07.2020 von https://de.statista.com/statistik/daten/studie/170740/umfrage/altersstruktur-in-indien/.

Statista (2020f). Indien: Lebenserwartung. Abgerufen am 12.07.2020 von https://de.statista.com/statistik/daten/studie/170862/umfrage/lebenserwartung-in-indien/.

Statista (2020g). Indien: Durchschnittsalter. Abgerufen am 15.07.2020 von https://de.statista.com/statistik/daten/studie/200678/umfrage/durchschnittsalter-der-bevoelkerung-in-indien/.

Statista (2020h). Indien: Fertilitätsrate von 2008 bis 2018. Abgerufen am 12.07.2020 von https://de.statista.com/statistik/daten/studie/753066/umfrage/kindersterblichkeit-in-indien/.

Statista (2020i). Indien: Kindersterblichkeit von 2008 bis 2018. Abgerufen am 12.07.2020 von https://de.statista.com/statistik/daten/studie/753066/umfrage/kindersterblichkeit-in-indien/.

Statista (2020j). Indien: Die 20 Länder mit dem größten Bruttoinlandsprodukt (BIP) im Jahr 2018. Abgerufen am 12.07.2020 von https://de.statista.com/statistik/daten/studie/157841/umfrage/ranking-der-20-laender-mit-dem-groessten-bruttoinlandsprodukt/.

Statista (2020k). Indien: Bruttoinlandsprodukt (BIP) in jeweiligen Preisen von 1980 bis 2018 und Prognosen bis 2024. Abgerufen am 12.07.2020 von https://de.statista.com/statistik/daten/studie/19369/umfrage/bruttoinlandsprodukt-in-indien/.

Statista (2020l). Ranking der zehn reichsten Inder nach Vermögen im Jahr 2020. Abgerufen am 12.07.2020 von https://de.statista.com/statistik/daten/studie/590276/umfrage/ranking-der-reichsten-inder/.

Statista (2020m). Indien: Alphabetisierungsgrad von 1981 bis 2015. Abgerufen am 12.07.2020 von https://de.statista.com/statistik/daten/studie/170863/umfrage/alphabetisierung-in-indien/.

SWITCH (2020). Verfassung der Republik Indien vom 26. November 1949, in Kraft getreten am 26. Januar 1950. Abgerufen am 03.8.02020 von http://www.verfassungen.net/in/verf49-i.htm.

Tandler, A. (2017). Teilung Indiens. Mit der Freiheit kam das Morden. Abgerufen am 03.08.2020 von https://www.welt.de/geschichte/article167699902/Mit-der-Freiheit-kam-das-Morden.html.

Terhart, F. & Schulze, J. (o. J.). Weltreligionen. Ursprung – Geschichte – Ausübung – Glaube – Weltbild. Bath: Parragon Books Ltd.

The Indian Express (2020): 3-year-old 'raped', beheaded, body found in plastic bag. Abgerufen am 14.07.2020 von https://indianexpress.com/article/india/jharkhand-3-year-old-raped-beheaded-body-found-in-plastic-bag-5868609/https://indianexpress.com/article/india/jharkhand-3-year-old-raped-beheaded-body-found-in-plastic-bag-5868609/

Thomson Reuters Foundation (2018). The world's most dangerous countries for women. Abgerufen am 14.07.2020 von https://poll2018.trust.org/.

Tonight News (2019). Männern droht Todesstrafe: Achtjähriges Mädchen entführt, vergewaltigt und zu Tode geprügelt. Abgerufen am 14.07.2020 von https://www.tonight.de/aktuelles/maennern-droht-todesstrafe-achtjaehriges-maedchen-entfuehrt-vergewaltigt-und-zu-tode-gepruegelt_56478.html.

UNICEF (2016). The State of the World's children 2016. A fair chance for every child. Abgerufen am 12.07.2020 von https://www.unicef.org/publications/files/UNICEF_SOWC_2016.pdf.

UNICEF Österreich (o. J.). Unicef hilft Kindern in Indien. Abgerufen am 13.08.2020 von https://unicef.at/hilfsprojekte-weltweit/hilfsprojekte-in-asien/unicef-in-indien/.

Urban, E. (2014). Transkulturelle Pflege am Lebensende. Umgang mit Sterbenden und Verstorbenen unterschiedlicher Religionen und Kulturen. Stuttgart: Kohlhammer.

Verordnung EG Nr. 1099 DES RATES (2009). Verordnung Nr. 1099 des Rates über den Schutz von Tieren zum Zeitpunkt der Tötung. Abgerufen am 21.07.2020 von https://eur-lex.europa.eu/LexUriServ/LexUriServ.do?uri=OJ:L:2009:303:0001:0030:DE:PDF.

Vesper, J. (2015). Indien. Land der Gegensätze. Abgerufen am 02.08.2020 von https://www.aerzteblatt.de/archiv/173031/Indien-Land-der-Gegensaetze.

WHO (2018). Global status report on road safety 2018. Genf. Abgerufen am 13.08.2020 von https://www.who.int/publications/i/item/9789241565684.

ZUKI (2020). Kalkutta. Abgerufen am 06.07.2020 von http://www.zuki-zukunftfuerkinder.at/index.php?id=150.

Publikationen von Sabine Wöger – Auszug

Demenz: Wissenswertes für Betroffene, Angehörige und Betreuende. 2., erweiterte Auflage

2019, 196 Seiten, Paperback ca. € 19,50, E-Book ca. € 14,99 ISBN 978-3-7481-1105-4

Die Autorin lässt Betroffene und Angehörige von an Demenz erkrankten Menschen zu Wort kommen. Lesende erhalten Einblick in die Erlebens- und Gefühlswelt der Erkrankten und fachliche Informationen über das Krankheitsbild. Mit der wachsenden Fähigkeit, sich in die Erkrankten einzufühlen, kann ihr Schmerz der sozialen Einsamkeit und ebenso die Angst der Angehörigen, die Person durch geistigen Zerfall zu verlieren, gelindert werden.

Rituale

2020, 192 Seiten, Paperback ca. € 19,50, E-Book ca. € 14,99 ISBN 978-3-7519-2095-7

Mit diesem Buch wird den engagierten Pflegekräften in den Alten- und Pflegeheimen eine Hilfestellung für die Gestaltung der Trauer- und Abschiedskultur zur Verfügung gestellt. Es wird grundlegendes Wissen über die Bedeutung, Zielsetzung, Struktur, Planung und Durchführung von Trauer- und Abschiedsritualen vermittelt. Zu den Kategorien `Gedenken und Verabschieden`, `Würdigung`, `Liebe`, `Hoffnung/Unsterblichkeit`, `Loslassen`, `Segnung`, `Verabschieden des Leibes` und `Seelenpflege für das betreuende Team` werden Rituale vorgestellt. Bei der Konzeption der einzelnen Rituale wurde großer Wert auf die Einfachheit in der Vorbereitung und auf die Praktikabilität in der Umsetzung gelegt. Das Buch beinhaltet auch eine Sammlung tröstender Worte und Lieder.

Palliative Care im Alten- und Pflegeheim: Antworten auf häufig gestellte Fragen zu den Grundlagen

2020, 204 Seiten, Paperback ca. € 19,50, E-Book ca. € 14,99 ISBN 978-3-7519-7064-8

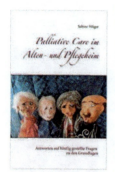

Dieses Buch entstand infolge der 20-jährigen Projektarbeit der Autorin in oberösterreichischen Alten- und Pflegeheimen zum Thema 'Hospizliche und palliative Sorge um alte Menschen'. Es orientiert sich an häufig gestellte Fragen von geriatrisch Pflegenden zu den Grundlagen von Palliative Care. Beispielsweise werden die Themen `Interdisziplinarität`, 'totaler Schmerz`, `Angehörigenbegleitung`, `Rituale`, `Sterben`, `Ethik` und `Recht` erläutert. In der Altenpflege Tätige erfahren Ermutigung, ihrer Berufung treu zu bleiben, verfügbare Möglichkeiten für die palliative Pflege der Bewohnenden und für eine respektvolle Begleitung der Angehörigen auszuschöpfen, allen Hindernissen zum Trotz. Ferner soll die Bedeutung der Sorge um die eigene Psychohygiene und des Zusammenhalts im Team gestärkt werden. Die Lesenden erhalten eine hilfreiche und praxisorientierte Handreichung für die palliative Altenpflege.

So spannend ist die Logotherapie

2020, 192 Seiten, Paperback ca. € 19,50, E-Book ca. € 14,99 ISBN 978-3-7519-3820-4

Logotherapie intendiert, menschliche Existenz friedvoll, ethisch reflektiert, wertorientiert und sinnstiftend zu gestalten. Lesende dieses Buches erhalten einen tief gehenden praxisnahen Einblick in das logotherapeutische Wirken. Hierzu werden Sequenzen aus den Feldern psychologische Beratung, Psychotherapie, Einzel- und Gruppensupervision dargelegt. Lassen Sie sich ein auf die Kraft der Logotherapie!